こころの臨床セミナーBOOK

精神分析の本質と方法

松木邦裕
Kunihiro Matsuki
藤山直樹
Naoki Fujiyama

創元社

緒　言

こころの臨床セミナーBOOKの一冊であります本書には、精神分析の本質と方法についての藤山直樹と松木邦裕による二つの講義が収められています。

それらの講義「精神分析の方法と本質を語る」「精神分析の本質と理解を語る」は、〝講義〟ということばそのままに実際に語られたものです。オーディエンスからの反応をじかに受け取りながら語られたものには、ことばが生きて使われています。そこに、「精神分析」という生きた臨床実践の本質を表現するには適切でありうるところがありそうです。フロイトの『精神分析入門』が講義調であることは周知のことです。書かれたものに内在する精密さには欠けているかもしれませんが、主題への接近が容易になり、よりスムーズな理解がもたらされると思います。

本書のテーマは精神分析の〝本質〟であり、その〝方法〟です。

精神分析ではしばしば、本質や本物性が議論の的になります。精神分析が、アナライザンドのこころという、見ることができない、触れられない、匂うことも味わうこともできないものを対象にしているゆえに、その困難さを性急に突き抜けようとする試みとして俎板に上げられることがあるようです。

本書は、そうした性急さに答えを提供する試みではありません。私たち二人が十数年にわたって精神分析を日常的に実践しながら、ゆっくりと、しかしじっくりと、辿りついたところを語り表しました。ですから、それらの結論だけに目を向けるなら、平凡に、場合によっては陳腐にさえ受け取られるかもしれません。しかし、日に日を紡いで営まれる分析的な営為こそが精神分析臨床の本態であることが認識されるなら、「語り」に包含されている静粛な輝きこそが貴重なものであると気がつくことになりましょう。それらを、本書を手に取られている皆様に見出していただけるなら、それこそが私たち二人が望むところです。

本書では、二つの講義に続いて、それに基づいた講師同士の討論、そして **In Retrospect…** と題した、後日の回想が収められていますが、それらによって講義内容が深められ補われることで、読者の理解がさらに進むことが期待されています。

精神分析の〝本質〟とは何なのか。これは、精神分析的臨床にかかわる誰もが、自分なりの答えを見つけては、その答えをあえて手放し、あらためてもう一度みずからに問うという「こころの作業」を繰り返していくものであると思います。読者諸氏の本書を通した私たちとの対話が、〝本質〟についての皆様の探求を、さらに密度の濃いものにしてくれることを切に願います。

松木　邦裕

もくじ

緒言 i

講義Ⅰ 精神分析の方法と本質を語る……3

語り得ないものを語るために 5
どうしてフロイトを読むのか 11
本質をつかんでも書けない 17
フォーマルなインティマシー 26
高度な健康法として 30
ふつうの対人世界と違って 36

討論 43

講義Ⅱ

精神分析の本質と理解を語る

体験感覚としてわかること 49
こころの世界のあらわれ 54
転移のあらわれる三領域 58
現象あるところ　思考がある 64
平等に漂う注意 68
転移プロセスでの思考の変形 78
解釈すること 81
解釈の作用とは 84
非言語性コミュニケーション 89

討論 93

In Retrospect　ふりかえり

後記

精神分析の本質と方法

装丁　上野かおる

講義 I
精神分析の方法と本質を語る

藤山 直樹

語り得ないものを語るために

精神分析で起こっていることは、本質的に語り得ません。精神分析というのは、患者のこころのなかでワークが起こっているからです。こころのなかで起こっているワークを、ああだこうだといろいろ**推察**することはできますが、それはぜんぶ「仮説」です。

私の考えでは、精神分析が患者、人間、人生にとってとても役に立つものであることは――適切に始まり、適切に事が為されれば――間違いありません。しかし、それがいったい何なのかということは、残念ですが語り得ません。

精神分析では、患者のこころのなかで何かが起こるために、患者と分析家がふたりで何かをするのです。その「ふたりで何かをする」という営みの本質は、とことん考えれば、語り得ません。その瞬間瞬間の、相手の気持ちや情緒を全部つかむことはできない。だから、本質的には語り得ないわけです。

このように、語り得ないものなのだけれども、それをきちんと再現していく——意味のあるかたちでプラクティスしていく——とすれば、そこで最も重要なのは〝方法〟ということになってきます。

何をめざしているのか？

〝方法〟という言葉はふつう「目的」と対になっている言葉です。ということは、精神分析に「目的」があるのだろうか、という問いかけが生まれるのは自然です。

「精神分析の目的は何か」と問われると、それに応えてよく言われるのが、治癒だとか、症状が変化することだとか、パーソナリティが動くこととか、対象選択が良くなるとか、そうしたことです。

しかし、精神分析を始めたときにフロイトは、そのようなことは目的にしていませんでした。フロイトが目的にしていたのは、症状を良くすること、無意識を意識にしようとすること、というもので、パーソナリティの改変まで最初は目的にしていたわけではありません。つまり、いま「目的」として語られていることのほとんどは、その後の精神分析の歴史のなかで付け加わってきたことです。

結局そうしたことは、精神分析というものがうまく為されたときに「結果」として起こることなのです。それには、確かに意味があります。患者の幸福に寄与しえます。しかし、私の考えでは、その「結果」というものは「目的」ではないのです。幸せになるとか、前よりも違ったふうに人を愛せるようになるとか、成功に対して怯まなくなるとか、そういうことは確実に起こるわけですが、それはやはり「結果」です。私たちはそれを「目的」にして精神分析をしているわけではないです。

そのように、私は思っています。

曖昧模糊なものの方法

こんな、「目的」がはっきりしないというようなときに、いったいどうして〝方法〟のことなど考えられるのでしょうか。普通ものごとは、目的に合わせて方法が決まるものです。目的なき方法など無理難題と云ってよいでしょう。しかしながら方法は必要です。というのは、そこで起こっている**実質**が明確に定義できないがゆえに、〝方法〟ぐらいは明確でしっかりしたものでなければ、精神分析が、「精神分析でないもの」とどう違うかということがわからなくなってしまいます。ここに大きな矛盾があるわけです。

「精神分析でないもの」とはどのようなものでしょうか。

たとえば私は、患者がキャンセルしたときのお金は必ずいただいています。患者たちは『わたしは三週間ほどフランスに仕事に行きます』と言ったりしますが、私は『あぁ、そうですか』と、患者が帰ってきたら三週間分は全部いただくわけです。精神分析家のエトスとしては、それは普通のことです。なんら躊躇なくいただきます。

フロイトは「患者に器質疾患が見つかって治療をやめた場合、患者が戻ってくるまでそこの時間を空けておく必要は全くない。その時間は、ほかの患者に使うべきだ。もし患者が戻ってきたら、そのときに自分の時間が空いていたら、また始めればよい」というようなことを言っています。とてもドライで突き放している感じです。

そういう独特なエトスとか方法論について——挙げた例は設定についての方法論だけれども——フロイトはかなり明確に語っています。そうすると、「キャンセルしたセッションの料金を取るなんて、ものすごく貪欲じゃないか、おかしいんじゃないか」と患者が思ったりするということを、分析家は引き受けなければいけないわけです。患者からいただくもので生きている自分というものを、明確に提示し続けることが、フェアだとフロイトは思ったのです。

たとえばそういうかたちで分析家は、明確な方法論を打ち出し続けていくということにこだわるわけです。それはなぜかというと、そこで起こっている出来事、プロセスは非常に曖昧模糊としており、じつは「目的」すら言葉にするのは難しいという実情があるからです。方法論にこだわらなかったら、もう話にならないということになってしまう。


だから〝方法〟というのは非常に重要なことではあるわけです。ある意味で、精神分析が〝方法〟にこだわる必要があるのは、きわめて本質的なことです。逆にいえば〝方法〟にこだわった結果、そこに精神分析が生起するわけです。精神分析とは、そうした方法という前提条件の上で自生的に展開する、ひとつの出来事、ひとつの過程だと言ってもいいでしょう。

そうはいっても、そうした方法の上で、精神分析が毎週毎週精神分析らしく動いているかというと、ぜんぜんそんなことはなく、しばしば精神分析でないものにズレていきやすいものです。しょっちゅうそこは非常に不毛な場所になったり、ある種の取引の場所になったり、疑似恋愛の雰囲気を醸し出す場所になったりするわけです。そういうことにならないようにしていかなければいけないけれども、あるときある種、スッと滑り落ちかけるわけです。

だから、精神分析が「精神分析らしく動いている」ことの感覚というものをつかんでいて、そのうえで、「そのためには方法が必要だ」という明確な認識をもっていなければ、おそらく精神分析はできないでしょう。こういうことが可能になるためには何が必要かというと、それは訓練なのですが、それはまた別の機会に語りましょう。

ところで、「精神分析はひとつの方法だ」という人もいます。

私はそうは思わない。精神分析という語り得ないものがあって、それを実現するにはひとつの方法が必要なのだと私は思っています。精神分析というのは、ひとつの特殊な出来事です。患者さんのこころのなかで展開し、同時に二人のあいだで進展していくひとつの出来事であって、究極の意味では語り得ないようなものです。それに対する〝方法〟というものについて、今日は少し考えるのが主題となっているわけです。

どうしてフロイトを読むのか

精神分析の〝方法〟というのがどこにあるのかというと、結局、フロイトの書いたもののなかにあるのです。

いろいろ本を読んだりセミナーで勉強したりしている人たちでも、フロイトを真剣に読んでいる人は意外に少ないものです。「フロイトを読まないで、どうするの」と私は思うわけです。なぜフロイトが大事かというと、フロイトがゼロから始めた人だからです。彼はすごく悩み苦しんで、ある方法をつくり出した人なのです。

そのフロイトが、たとえば先ほどの例のように「器質疾患の患者が分析をやめたら、すぐ、その時間は他の患者に振り向けても良い」というように書く。ただ、そのトーンというのは、非常に断定的な「それでいいんだ！」というトーンに満ちています。ということは、フロイトは「振り向けては良くない、と言われるかもなぁ」と思っていたのだろうと思います。だからこそ、「それでいいんだ！」と書かなければいけないような状況に、彼はいたのです。そうしたこともあって、あのあたりのフロイトのトーンというのは、ものすごく居丈高です。

また、たとえば「金の話をきちんとできない内科医がいるけれども、あいつらは偽善者だ」というようなことを書いています。「そういう偽善的な態度を超えて、私たちは自分たちが『金の話を普通にできる、非常に健康な大人である』ことを患者に示さねばならない」と書くわけです。それは逆に言えば、「俺はやつらに金の亡者と言われるかもしれないなぁ」という不安と裏腹なんです。

あの断定的なトーンというのは、パイオニアとしてのフロイトのものすごい苦しみを表していると思うのです。独語原典もしくはストレイチー *Strachey, J.* が訳した英語版を読めば、そのフロイトの気持ちが伝わってくると思います。

精神分析的なことへの決断

どうしてパイオニアとしてのフロイトの苦しみを、私たちが味わうべきなのでしょうか。それは、私たちが現代の日本で精神分析をするとき、必ず世の中とのあいだでいろいろな軋轢が生じますが、私たちはそこを超えていく決断をしなければならないからです。

キャンセルについての例を続けましょう。精神分析の世界には「キャンセル料」という概念は存在しません。キャンセルをしたセッションの料金を患者が責任を持って払うということを要求するだけです。キャンセル料というのは違います。「キャンセルしようとしまいと、分析家を食わせる責任があなたにはあります」と言っているのです。フロイトはそのように明瞭に言いました。でも、今の社会のなかでこれを徹底するのは難しい。「キャンセルのときにも料金を取るなんておかしい」と言う人が大半かもしれません。そして、患者の希望に応えてその料金を取らない方がいい人だと思われるかもしれない。

精神分析をやるということは、そういう世間の眼だとか、自分がいい人だと思われたい願望だとかを超えるということが前提になる。そこには葛藤が生じる。迷いが生まれる。つまり、私たちはそのときに小さなパイオニアであるわけです。周囲の環境からすると異質なことを、とりあえず始め、持続しなければならない。ものすごい外的な抵抗や自分のなかの内的な抵抗もあるわけです。それを超えるためにも、フロイトのパイオニアとして苦しみを十分に知ることは意味がある、と私は思うのです。

このように考えると、精神分析的なことを実践するということは決断です。決断なき精神分析実践は、この世にありません。

自分を差し出す

精神分析をやることが決断なら、精神分析家になることも決断です。それは大きな決断です。その決断という点で、鮨職人と落語家が浮かびます。どうしてこんなことを言い出すかというと、私は、この二つの職業にとても愛情を持っているからです。

今日は落語家の方を話しましょう。

落語家になるための修行といっても、いきなり落語を教えてもらえるわけではないのです。ほぼ、教えてもらえません。何を最初に弟子がやらなければならないかというと、師匠の着物を素早く畳む訓練です。どれだけ素早く畳むかという戦いです。師匠が高座が終って着替えたら、さっさと帰っていく。それに畳んだ着物を持ってついていけなければいけない。師匠が「俺はちょっと寄って行くから」とバーに入ったら、弟子はドアの前でずっと立って待っていなければいけない。絶対に入ってはいけません。そういう、**落語家としての**生き方というものから訓練というか修業が始まるのです。着物を畳むのもドアの前で待つのも、落語を語るスキルには何も関係はありません。しかし、まず落語をやることより落語家として生きる生き方の方が先です。

精神分析家の訓練というのもそれに通じるところがあります。分析家の訓練というのは、分析を受けることなのです。分析を受けるというのはお習い事ではありません。自分のプライベートなこころを差し出し、それを揺すぶられて、自分が変わってしまうということです。元の自分ではなくなってしまうわけです。つまり、分析の訓練とは、「わたしの内面的な、プライベートな、パーソナルな部分が変わってもしかたない」という決断の上で進む道なのです。

そこのところが、お勉強して医学部を出ればなれる医師や、大学院を出て試験を受ければなれる心理職などとは違います。そういうものは大学や大学院へ行けば、ふつうなれるものです。精神分析はどこかに行けばなれるというようなものではありません。自分のパーソナルな部分を差し出し、自分を根底から揺すぶられる体験をすることこそ、もっとも重要なことです。それは、人生の大きな選択であり決断なのです。

私の訓練分析家は、私がどういうふうにセックスするのが好きか、知っているかもしれない。そういう人と、訓練が終わったら、同業者としてときどき会ったりしなければいけないのです。そんな世界が、他にあるでしょうか。妙な世界です。その妙なところに入らなければいけない。入って、自分が変わらなければしょうがない。**自分を差し出して訓練に入る**という決断をしなければいけないわけです。

そこのところに、フロイトの本を読む意味があるのです。パイオニアとして人生の決断をしていくフロイトという人が、本を読めばわかるからです。だから、読むのです。読むというのは、フロイトと触れ合う営みなのです。フロイトが、精神分析という、特殊な方法をつくり出したときの、そして、人生を分析家として生きる決断をしたときの、さまざまな躊躇い、羞恥心、あるいは気負いのようなものに触れることができます。それはとても大事なことなのです。

本質をつかんでも書けない

結局、フロイトは、精神分析のなかで何が起こっているか、という〝本質〟については、実はほとんど何も書いていません。

私はいま、『技法論文集』をもう一回、必死で読み直しているところなのです。ところが、たとえば、転移というものが大事だとフロイトは書くけれども、一九一四年の'Remembering, Repeating and Working-Through' でも、「では転移をどうするのか」ということをフロイトは少しも書いていないんです。「転移を解釈する」というフレーズさえ一度も出て来ません。フロイトの論文には、「転移を解釈する」というフレーズは出て来ないのです。

「転移がもっとも大事だ」「転移こそ患者の病気のプレイグラウンドだ。だからここを扱うのだ」と書くのだけれども、じゃあどう扱うの、ということとなると、どんなに真剣に読んでも何も書いていないということに思い至る。この論文はそういう論文なのです。

フロイトはまだ書けなかったと思うのです。訓練が不十分すぎたからです。それに現在の私たちはフロイトだけでなく、クライン Klein, M. とかウィニコット Winnicott, D.W. とかビオン Bion, W.R. とかが言ったことを前提に、そういう人の肩の上に乗って事態を見ている。だけどフロイトはたった一人。自分と同レベルの認識に達しているのが自分だけだ、という感覚を持っていたと思います。そういう巨人たちのフンドシ借りて、私なんか、ものがわかったつもりになっているだけです。でもフロイトには彼自身しかいなかった。

フロイトは〝本質〟的なことはかなりつかんでいたけれども、やはり書けなかった。それはどうしてかというと、フロイトが訓練を受けていないからでしょう。きちんと分析を受けていないし、スーパーヴィジョンも受けていない。なぜなら、誰も先達がいなかったのですから。でも、だからこそ、そのなかであれだけのことを考えられた人は、すごいと思います。私に先達が誰もいなくて、そんなことが考えられたか。とてもではないけど、考えられないです。すごい人だと思います。

道具としての分析家

フロイトは精神分析の基本的な技法とかやり方を、だいたい一九一〇年代までに考えました。つまり、自由連想をさせて転移を扱うという、いま私たちが精神分析だと思っているやり方に到達したのは一九一〇年代だと思います。

それを反映したのが、ラットマンの論文および面接記録とウルフマンの論文でしょう。そして、見つけたばかりの新しいやり方についてフロイトは、ストレイチーが標準版で**Papers on Technique**としてまとめた、一九一一年から一九一六年にかけての六つの論文を書きます。それで精神分析で何をやるかについて、彼は書き終わっています。その後のフロイトは、治療過程で起きることや、その起きること対して分析家が何をするのかについては、書いていません。「終わりのある分析と終わりのない分析」や「分析における構成」といった、非常に晩年の論文に至るまでは、書いていないんです。

つまり、フロイトが精神分析の方法をどう考えていたかについては、「技法論文」を読むしかないわけです。そこで私が明確につかんだことは、精神分析の方法は二つのものから成り立っているということです。ひとつは〈設定〉です。ひとつは、〈分析家という〈装置・道具〉です。設定と道具、このふたつについて、この一連の論文でフロイトは書き残しました。

重要なことは、〈道具〉としての分析家が、どういうふうに解釈の言葉を使うかについては少しも書いていないということです。〈設定〉と〈道具〉という準備については書きます。そして、そこで起きている出来事の何が大事なのかは書きます。けれども、それ以上のことを〝方法〟として書いていないのです。

自然でない設定のもとで

フロイトは〈設定〉として何を書いたのでしょうか。

「分析治療の開始について」という一九一三年の論文で、彼は設定について細かく書いたわけです。私たち――私たちというのは私とか松木先生ということです――は、その設定で書かれていることを今も守っているわけです。週四回とか五回とか六回とか、頻回のほぼ毎日に近いセッションを持つこと、カウチを使用して患者から見えないところに分析家がいること、非常にレギュラーな、フロイトの言葉では「セッションの時間を時間貸しする」という発想に基づいて分析家が自分の時間を患者に分け与えること、こういうことをフロイトは書きました。そして、それを書くことで、自分の人生の時間をレンタルして生きていく、そして他の医者に比較してあまり儲からなくても、実践をやり続けるという精神分析家のエトスというものを形にしたのです。この論文でのフロイトは何をどうすべきか、きわめて具体的に指示しています。しかしここでフロイトはたとえば、カウチに患者を寝させて自分が後ろにいることがなぜ治療的に良いのか、一度も書いていないのです。

フロイトは精神科医ではなく神経内科医でした。

精神医学というのはドイツの巨大な精神病院で生まれたものです。当時の親玉はクレペリン *Kraepelin, E.* です。ウルフマンはクレペリンのところに行って治らなくて、フロイトのところに来た患者でした。当時の精神医学は治療手段を持っていません。ただ、患者を収容し、正確に患者の病気を記述し、分類してきました。病人を観察して、こういう病気がある、こういう経過をたどる病気があるということを記述し類型化していきました。

その頃、精神病院でいちばん多い病気は進行麻痺でした。あの多彩な症状を出して複雑な経過をたどる病気が、実は梅毒トレポネーマという単一の原因をもっていたことは、他の病気もきっと未知の単一な生物学的病因が原因であるに違いないと思わせたのです。「統合失調症とか躁うつ病とかも最終的には脳の生物的病因に帰着するはずだ。とりあえず、その日のために、まずきちんと観察し記述し類型化しておこう」、そういう発想で始まった学問なのです。精神医学というのは。

ところがフロイトは、精神病院を背景とした精神医学の人間ではない。いまでいえば、神経内科の開業医だった。麻痺とか感覚脱失とかのような症状を診ていたのだけれども、そういう神経症状をあらわす患者の多くがヒステリーだから、どうしてもヒステリーを診なければいけなくなって、しかも開業医で患者から直にお金をもらうので、治療のことを第一に考えないといけない。それでこの領域に連れ込まれていったわけです。

その頃の開業医の診察室には、ベッドのようなものがあってそこで診察するということになっていたわけです。カウチはその歴史的な名残であるということをフロイトは書いています。そして彼が唯一言ったのは、「私は一日七人も八人もの患者にずっと見つめられ続けることは耐え難い」ということです。それはフロイトの病気じゃないかと思うかもしれませんけれども、ここはものすごく本質的な意味があると思うのです。それは、分析家と患者が深く知り合い交わり合いながらも、プライバシーを維持するという独特の関係性に触れています。

精神分析というのは、あまり対面でやるものではありません。対面になったら、私たちは、患者にニコニコ愛想よくしていなければいけなかったり、「こいつ、バカじゃねえか」と思っても穏やかな表情を作ったりするしかない。そのうちに、本当に自分がどういう気持ちをもっているのかがピンとこなくなる。対面だと私たちは、どうしてもそういうありように陥りがちです。

カウチを使った精神分析だと自由です。退屈なら鼻毛とか抜いたりもできるかもしれない。私は背中の乾燥症があるので、セッション中にかゆくてたまらなくなる。どうしようもなくなるとこっそり孫の手で掻いたりしています。そうしないと集中できませんから。患者は気づかないですよ。こっちも患者の表情は見えないしね。お互いの表情も見えない、お互い何をやっているかわからないような二人である一方で、非常に近い位置、汗の臭いがするような距離に患者が寝ているわけです。変わった状況ですね。


そうした非常に不思議な配置というものをフロイトは持ち込んだわけです。それは、歴史的なつながりのなかで自然に持ち込んだので、なぜ必要か、ごく断片的にしか書けていない。でも彼は、このやり方に強く**インシスト**（*insist*）すると英語では書いてあります。このやり方にものすごくこだわると。このやり方は本質的に意味があると彼は思っている。

つまり、フロイトは「俺はこれを自分が思いついて始めたんじゃなくて、歴史的流れで自然にやってるんだけど、けっこうこれにこだわってるんだよ。でも、なぜいいんだかわかんないんだよなぁ」と言っているわけです。

フロイトは正直ですね。私だったら、「こういうわけでいいと思う」というようなことを、むりやりにでもつい書いてしまうと思うのですが、フロイトは実感のないことは書かない人なので、「ただ、歴史的な名残だ。でも、俺はこれに固執する」と書いています。

日常的でないことの意味

彼がそうして固執したやり方に、ずっと私たちも固執してきました。料金の取り方とかカウチ設定とか、そして夏休みとかも。フロイトは夏休みについて明瞭に書いていませんが、彼が六週間以上の夏休みを取っていたことは事実で、その後の分析家たちも、ヨーロッパの普通の市民の慣習にしたがって夏季休暇を取っている。すると、それは治療のうえでたいへん重要な装置の一部になってしまっています。

私も、八月の四週間、完全にセラピーを休んでいます。オフィスの経営的には相当に苦しいことなんだけど、そういうことは大事と思ってそうしているわけです。「なぜ大事か」ということは、やはり、いったんそのなかに入って考えるしかないわけです。そういうなかに入らなかったら、やっぱり精神分析ではないのです。そう私は思います。

一言でいえるのは、精神分析は「日常的でない」ということです。特別なことです。むかし精神分析学会の大会で、岡野憲一郎先生が私の発表に討論をしました。あまりに非日常的な不自然な設定がそこにあることに対して、彼は批判的に発言したんだけれども、「不自然でなぜ悪い」と私は言い続けたわけです。「不自然だからこそいいんじゃないか」と。精神分析は不自然です。普通の日常生活ではあり得ないことを起こすために、方法として日常ではありえないような設定を用いることになるのです。

はっきり言って、私は近頃、精神分析を「サイコセラピー」かどうかも疑っているのです。いわゆる大学で教えるようなサイコセラピー、医学や臨床心理学の一部であるサイコセラピーかどうかを疑っています。精神分析はあくまで精神分析なんではないか。特殊なものだ、と思っているわけです。だから、たとえば認知行動療法と並べてどちらが有効かというような議論に、本質的な意味はないのではないか、とも思えるのです。そういう意味の有効性をアピールできない結果として、それで精神分析の患者が減れば、ある意味しょうがないじゃないのと思うんです。

でも私はこれからも精神分析をやるし、やろうと思う人は「浜の真砂は尽きるとも」という石川五右衛門の言葉同様、「泥棒の種は尽きまじ」と。まぁ、精神分析家は泥棒ではないと思うのですが〔笑〕——ちょっと泥棒に近いかもしれませんが——そういうふうに思っています。

フォーマルなインティマシー

私も精神分析について、患者の一部と患者の一部がちゃんと対話して、ちゃんと語り合うとか、患者がもっと夢見ることができるようになるとか、ここで本当の意味での真の深い意味での遊びを体験することだとか、いろんなことを、モデルとしてはときどき考えます。けれども、「いまこの人は遊び始めた」「あぁ、いま夢見ることが始まったんだ」とか言ってみたところで、それは〝本質〟的なものを、ある種、ひとつの補助線で切り取っているだけです。そういうことが確実に起きる〝方法〟というものを、私たちが持っているわけでもない。

でも〝方法〟は守ることが大事なんです。しかも、方法のディテールをゆるがせにしないほうがいいのです。細部にこそ大きな仕掛けを含んでいるかもしれない。〝本質〟がわかってない以上、方法のどのディテールに意味があるかを言うことは原理的にできなません。方法を具体的にまずそのまま守って実践する、それが大事なのです。

そういう〝本質〟を帯びている可能性のあるディテールのひとつが、プライベート・プラクティスです。分析家が自分ひとりのオフィスで実践する。

私もそのタイプの実践をやっているわけですが、私の部屋なんかは、けっこうパーソナルな雰囲気に満ちていると思うわけです。私の部屋はわりと広めなんだけれども、デクスのエリアがあって、オフィスのカウチのエリアがあって、デクスのエリアとのあいだに大きな観葉植物があるんです。

私の患者で、五年間通ってきた人が、ある日、突然『あっ、ここにこんな植物があったんですか』と言ったんです。二メートル以上ある巨大な植物ですよ。それを五年間、見ていなかったのです。彼は、私の「分析家でない部分」というものを見たくないし、それを見ないように、ヒステリーの管状視野狭窄みたいな感じで、何も見ないですっとカウチに寝ていた。お金を払うようなときは当然、立って金を払っているんだけれども、そしてデスクのエリアが視野に入ってくるのですが、恐るべきことに、その方角にある観葉植物が見えていなかったのです。

つまり、私たちが生きている特殊な場所に、患者さんが来るわけです。分析家が生きてそこで暮らしている。そこで分析がおこなわれる。プライベート・プラクティスというのはそういうことです。フロイトは自分の家でやっていたから、ラットマンがアンナ・フロイトとすれ違って恋をしたとか、あるわけでしょう。

ソーシャルなものを省く

そういうものなのです、分析家と触れ合うというのは。とってもフォーマルなものでありながら、近しい、言わばインティメート intimate なものなんです。

ふつうの人間関係は、フォーマルなものからインティメートものに行くまでに、途中にソーシャル social な付き合いがある。ソーシャルな付き合いからインティマシー intimacy に行くわけだけれども、精神分析にはソーシャルなものはほとんどないわけです。

もちろんインティマシーと言ったって、精神分析では身体的な接触はないです。しかし、こころの柔らかい部分をつかい、とてもインティメートなことを言葉でやりとりする。

ソーシャルなものがすっ飛ばされる。セッションが終わった後、私は玄関まで行って患者を送り出して『どうもありがとうございました』と言うのだけれども、その間、まれに何か雑談を仕掛けてくる人もいます。ソーシャルなものを求めてくるわけです。でも私は、ごく淡々と『ああ、はいはい、いや、どうも』とか言って玄関まで歩き、いつもと同じリズムで患者を送り出します。

雑談というソーシャルな付き合いをしないわけです。ソーシャルな付き合いを求めて、終わった後にそこで待っている患者さんがいたりすることもあり得ないわけではない。考えてみれば、プライベート・プラクティスというのは、いつだってストーカーしてくださいという状況でもあるわけですよね。もっとも、私はこの十五年間ストーキングされたことは一度もありませんが。精神分析はそういう、非常に近しい、「生」なものが動く場所です。でもそれと同時にフォーマルな距離がある。そういう特殊なものです。

私のオフィスには待合室がないのですが、患者と患者が出会ったことは一度しかありません。その一度というのは、私のコンタクトレンズの調子が悪くて、「もう時間が来たはずなんだけど、おかしいな、時計がよく見えないな」と思っているうちに時間が来ていて、「あっ」と思って患者を送りだしたときに、もう玄関の前に患者がいたということが一回あったのです。もうまる十五年、年間千セッションくらいやっているのに、それ以外は一度もないと思います。

きちっとルールを持ってフォーマルにことを運ぶことと、きわめて親密なものがやりとりされることとのあいだの、ダイナミックで特殊なテンションのある〈設定〉こそが、精神分析の〝方法〟なのです。〈設定〉のなかに非常に明確にあるテンションに、私はとても意味があると思っています。

高度な健康法として

もうひとつの〝方法〟が、「精神分析家というものを用意すること」です。「精神分析を実践する医師への勧め」〔一九一二年〕という論文に、フロイトはそこのところを書きました。つまり、そこに書いていることは、たとえば〈平等に漂う注意〉を維持するということ。「外科医のように」情緒的に冷たくあること、「患者の無意識に治療者の無意識を電話の受話器のように差し向け」ること、「患者から出てくるもの以外は映し出さず、不透明であ」ること、といったことです。

ちょっと考えればすぐにわかりますが、これらはどれも現実的には、意図的に実現することは不可能です。〈平等に漂う注意〉を能動的に漂わせられるでしょうか。「注意」ということを意識したら、どこかに注意が向くのだから、もう平等ではありません。平等に漂わせるなんて無理です。あり得ません。

「外科医のような情緒的冷たさ」というのも無理ではないでしょうか。患者が泣きわめいたり、怒ったり、『先生、ひどい』とか言ったりしているのに、外科医のように情緒的に冷たくしていられますか。おどおどしたり、動揺したり、いい女だなと思ったりするに決まっているではないですか。外科医のようになんかなれないですよ。

「患者の無意識にこちらの無意識を差し向け」られるんでしょうか。無意識は意識できないからこそ無意識なのに、それが意識できるはずはないでしょう。これもできないですよ。

「患者から出てくるものしか映し出すな」と……。無理じゃないですか。部屋に入って来た途端に、「あっ、お花が生けてある。あっ、白いヤマブキ。へえー、白いヤマブキなんてあるんだ。先生は、これを買ってきたのかなぁ」と患者は思うじゃないですか。私は必ず週に一回、花を活けているんです。だから、そういうことは、こちらを指し示すじゃないですか。それに、『またね』と私がちょっと話せば、その口調で「こいつ、東京のやつだな」とすぐわかっちゃいます。だから、そういうことは無理なのです。

無理なことを、わざわざフロイトは書いているのです。ここが大事なのです。ここが大事なところで、つまり、意図的に言葉づらで努力しても精神分析家にはなれないということを、フロイトは暗に書いているんだと思います。ということは、言葉で、こういうところでセミナーで勉強しても分析家にはなれないのです。どれほどレクチャーを聴いても、精神分析の本をどんなに読んでも、分析家にはなれない。そういうことなのです。

それをフロイトは、非常に逆説的に書いているなと私は思うわけです。とても不可能なことを、いくつもいくつも、こういうふうになれば良い分析家だと書くのです。〈平等に漂う注意〉を維持できる感じであれば、いいでしょう。でも、それを意図的に努力することはできないのですよね。

訓練のなかでつかむこと

つまり、フロイトというのは、「方法というものがどう実現するか」を語らなかったのです。精神分析家という装置は、そのような装置でなければいけない。でも、その装置はどう実現されるかを語っていないのです。

唯一、「訓練分析を受ける」ということを、その論文では語っています。ユングたち、チューリッヒ学派が言い出したあれは間違っていないと書いています。分析を受けるということは、ユングが言い出したんですよね。そういうことしか書いていない。

つまり、フロイトは、「精神分析家という装置を準備する方法が必要だ」ということはわかっていたけれども、それがどう実現するかをきちっと語れませんした、最後まで。ただ、フロイトが「終わりある分析と終わりなき分析」で言っていたことは、「いやぁ、訓練分析なんてさぁ、半年か一年ちゃっちゃっとやってさ、後は自分のなかでだんだんわかっていくしかないんだよ」という。「訓練分析は、まぁそんなものでしかないからね」というようなことです。それくらいしか書いていません。

明らかにあの論文のあの部分は、フェレンツィ *Ferenczi, S.* が一九二六年の論文で「訓練分析は一般の患者の分析よりもはるかに徹底し、はるかに長期で、はるかに深いところまで行っていなければだめなんだ」と主張したことへの暗黙の反論なんです。フェレンツィは、重いケースばかりやっていたから、おそらくそういう認識に達したのです。要するに、逆転移と言われているような、自分の主観的な情緒や体験を参入させるためには、やっぱりもっと徹底して分析を受けなければしかたないでしょう、という方向になったわけです。

このようにフロイトは、ある意味では発想はわかったけれども、それがどんなことかということを明確にはわかっていなかったのです。自分の訓練分析を受けることがどのような意味があるかということについて、ちゃんとした把握ができていなかったのだなと思わざるを得ない。

でも、彼はそういうことを書いているのです。

つまり、訓練の方法というのは〈設定〉と、分析家という〈装置〉を用意することなのです。フロイトは、ほかの方法は書いていない。そして、私も、それ以外に方法があるかというと、ないと思っています。こういう患者はこういうふうに治療したらいい、というよう方法はないです。

普通の医学だったら、こういう病気だったら手術したほうがいい、こういう病気、原因療法をやったほうがいい。こういう病気は原因療法をやっても無理だから対処療法を、とかって、病気によって、ああする、こうするというふうになるわけでしょう？　これが普通のちゃんとした医療における「何とか療法」のコンセプトなのです。

精神分析は、ひとつ覚えのように、ただ転移を扱うだけです。どんな患者に対しても、ひとつ覚えです。同じです。どんな人にも同じことをするのです。それでもって治療なのかというと、やはり治療ではないのです。治療になるとしても、それは結果なのです。非常に高度な健康法みたいなものなのです。ある種、その人がその人らしく生きていくことができるように援助するようなものだ、と。

いろんなことばで言い表わせるかもしれないけれども、そういうものではないかと、私は思っています。

だから、そのために、治療中に何とかこういうふうにしたほうがいいとか、こういうふうなことをしたことはいいというのは、もちろんよく言われているけれども、そのあたりは、やはり本質的な〝方法〟ではないと思うのです。それは、そのときの思いつきのような、工夫のようなものでしかない。

ふつうの対人世界と違って

やはり、いちばん重要な〝方法〟は、分析家である自分というものになるということでしょうね。それしかない。それ以上でも以下でもないのではないか、という感じはします。

そのときに精神分析家はどうなっているのかというと、私は、ある種、特殊な意識状態でくつろいでいると思います。ある種、くつろいでいる。しかし、ある種、くつろいでいるけれども、分析家は、片方では強いある種のテンションにさらされます。そのテンションはどこから来るかというと、やはりこれはひとつの〝方法〟だと思います。

つまり、精神分析家は「解釈をする」という仕事に方向づけられているということです。

私が重視するのは、「解釈をする」ということも大事だけれども、「解釈以外のことを目指さない」ということが大事だ、というところなのです。解釈に結びつくようなこと以外はしない。

つまり、普通の人間関係だったら『あぁ、それだったらこうしたらいいじゃん』と、ちょっと間に入ったり、目の前で『死にたいんです』と言われたら『死なないほうがいいわよ』と言いたくなるけれども、そういうことは言わない。絶対に言わない。その患者が死にたいという気持ちについて、理解するというか、その本質を把握する。二人のあいだで起こっている出来事、とりわけ情緒的な出来事——それはほとんど自分の情緒を介してしか入ってきません——などから紡いでいく。

「解釈するという仕事以外目指さない」ということは、普通の人間関係、普通の対人世界とは非常に違います。これは、ものすごく緊張していることなのです。分析家に緊張を強いるのです。

人の話を聞かない

それから、大事なことは、一言でいうと、人の話を聞かないこと。

人が話していると、その話を聞きたくなるものです。こちらから「自由連想をしてください」と言っているわけだから、自由連想を聞きたくなるのですよ。でも、私たちは、自由連想を聞くためにそこにいるのではないのです。

　私たちは、患者と分析をするためにいるわけであり、言葉を聞くためにいるのではない。言葉も大事なひとつの重要なチャンネルだけれども、いちばん大事なことは「その人全体に触れる」ということです。言葉をしゃべらせていながら、言葉じゃないものにもフォーカスするということです。普通の人間関係では、『ちゃんと話してね』と言いながら話を聞かなかったりと、えらいことになるのですが——私と嫁さんとのあいだではよくありますが——そういうことではない、特殊な緊張があるわけです。

　言葉が優勢な場なのに、言葉でないものに浸透していかなければいけない仕事なのです。強い情緒的な何かを訴えている人のそばで、解釈だけに自分を絞っていかなければいけない。これは、もう、すごい緊張なのです。だから、精神分析家の仕事というものに、解釈ということを目指し続けるということ以外に、もうひとつ〝方法〟があるとしたら、私はこれではないかと。つまり、そのテンションにもちこたえていくことではないかと思っています。そのテンションにもちこたえて、かつ、くつろぐという方法。

　くつろぐというのは、ちょっとわかりにくいかもしれないけれども、分析家は、ある種、くつろいだ状態なのです。つまり、知的に推論をしている状態ではないんですよね。解釈というのは、どっちかというと、あっちからひゅっと来るのですよ。あっちから来るものに開かれているという感じであって、「こうだから、こうだから、こうだ」とか、そんなことを理詰めで考えているわけではないのです。

突然、「こいつって俺を騙そうとしているな。なぜ騙そうとするんだろう」というようなことを考えるわけです。それが、どちらかというと大事なわけです。「この話はこうだから、ああだ」と、初心者の人は言葉にこだわり過ぎてしまっている。患者の言葉にこだわって、言葉を質問したりしていると、サイコセラピストは何か仕事をしているような気持ちになれるのですよね。それでごまかすわけです。分析の仕事をしない、放棄してしまうというのは、わりと初心者に共通するある種の傾向だと思います。

そういうことでなく、とにかくそこで自分が最大限のオープンである、レセプティヴ *receptive* である状態を確保しながら、ある種の緊張に耐えているということをやるというのが、〝方法〟だろうと言えば〝方法〟なんでしょう。

もちこたえるということ

この〝方法〟というのは、「もちこたえること」と一言でいえるかもしれませんが、そのことがとても重要です。

投影同一化という概念は、患者が反復強迫的に世界を組織し、かつ、実際に世界を変容させていく側面に触れています。そうした対人的圧力があるわけです。救済者をつくり出したり、自分を迫害する人をつくり出したりしていく。だから、自然にふるまえば、つまり「もちこたえる」ことをしないなら、分析家は患者の世界の一部に組み込まれ反復強迫の一部になってしまう。

そこに組み込まれず、一人の生きた自分自身のこころをもって——ケイパー *Caper, R.* という分析家の言葉を使えば、"Mind of One's Own" ですね——ものを考えることが分析家の仕事です。つまり、患者の世界の外部で自分自身、自前でなにかを感じて考えている。そういう自分のこころをはたらかせている人を患者の前に提示するということにすごく意味がある。

だから、解釈の内容もとても大事だと思うし、その解釈の内容次第でどう転がるかが違ってくるのだけれども、何よりもまず解釈を目指してそこをもちこたえて、生き続けていることが大事なのです。

患者にたとえば『わたし、もうほんとうに、どうしようもないです。このままだったら、もう死んじゃうかもしれません』と言われたら、ふつう人間ってものは『だいじょうぶ。だって、前より最近のほうがずいぶん良くなっていますよね』とか言いたくなるでしょう。これでは完全に巻き込まれています。患者のこころのなかの筋書きに組み込まれて救済者になってしまっています。

これまでに、すでに治療の外部の世界でそうやってそうやって組み込まれて、そんなことを言う人に患者はたくさん出会ってきているはずですよね。彼らは巻き込まれているというか、内的対象の一部にされてしまったわけです。分析家がそうなった途端に、もう、もちこたえていないわけです。そこには患者をほんとうに支える人は誰もいなくなってしまうのです。

そういうときに、そうした「救済したい」という差し迫った気持ちをもちこたえたうえで、『あなたは、片方では、自分は良くなっているということを先週まで言っていたのに、いま、ものすごく絶望的になっているということに、いまは気づけなくなっているということを私に伝えていますし、そのことで私がどう感じるのか、心配もしているようです』というようなことを言えば、つまり解釈を与えれば、分析家は、患者にとって自分の世界のパーツなのでない、ひとりの自分のこころをもった人として、体験されます。それは患者の深いところで患者を支えるのです。

だから、自分の考え、解釈を目指してもちこたえるのか、患者の対象の一部になってしまうのか、そういう岐路にいつも私たちは立つわけです。そのとき、自分、分析家としての自分というもの、つまり、絶えずものごとを考えて、そこにいて、分析家として以外は生きていない、そういう自分を絶えず浸食されながらも再建する、そして全体として維持する必要があります。微妙に患者の世界に組み込まれて、だけど、分析家というひとつの最も生き生きとした生き方を生きているセラピストをそこに提示し続けるということなのです。

先ほどの例のように『だいじょうぶ』などと言っていると、もう分析家としては死んでしまったと患者に体験されてしまいます。分析家としては、生き残っていない。「はい、おしまい。一丁あがり」みたいになってしまっている。そうなってしまうと、生き返るためには、相当な苦労が後で必要になってきます。だから、分析家として生き続けるということが、とても大事です。

こうしたなりゆき、それは投影同一化という言葉を使うとすごく説明しやすくなるけれども、ここの部分におそらくフロイトは、ほとんど触れることがまだ出来ていなかったと思うんです。しかし、その後の精神分析はそこに触れていきました。そのことが、とても重要なのではないかなと思っています。

討論

松木　藤山先生、ありがとうございました。大変な熱弁で、休憩に入る予定になっているところまで、時間が近づいてきています。私のほうが討論するという順番なんですが、時間がないので、簡単にしたいと思います。

要するに――あんまり要約してはいけませんが――先生の言われる精神分析の方法が成り立つには、フロイトの気持にならなければならない。分析のときのフロイトの気持に同一化することだと言われているというふうにも理解できるかなと思うんです。

去年、精神分析学会の講演に来てくれたセドラック先生は、精神分析に同一化することが、精神分析をする人間として大事なことだということを言われていました。そのあたり、どうでしょう。

藤山　精神分析は人間じゃない。私たちは、基本的には、同一化するときにあるフィギュア、人物像が必要ですものね。それがフロイトでもいい。フロイトが特別なのは、やっぱり彼が創始者であって、ゼロから何かを生み出すときの苦しみとかいうものを明確に表現していると思いますので、トレーニング中は、やっぱりフロイトに同一化する時期というのは必要ではないかな、とは考えます。

松木　セドラックさんが言っていた、精神分析に同一化するというのは、おそらく、精神分析のなかで彼が直接・間接に学んだりした人に同一化するということなんだと思うんです。
つまり、たとえば、ハンナ・シーガルとか、ジョン・スタイナーの名前をよく出されていたのですが、つまり、一人の人に完全に同一化するんじゃなくて、いろんな人に同一化して自分をつくり上げるというのかな、そういうことを言っていたような気がするんです。だけど、訓練の最初は、まずフロイトに同一化することが大事だということですね、先生。

藤山　というか、基本的に、やっぱり私は、自分の訓練を考えても、もちろん、いろんな人に同一化していたと思うんだけれども、今の世の中、フロイトというのが見落とされがちではないかということがあるんです。
フロイトなんて古いじゃないかとか、フロイトを読んだってしょうがないじゃないかという、そういうものが若い人に蔓延しているような感じもあるしね。「やっぱりフロイトを読まないでどうする」ということを私は思うし、それはやっぱり特異的な意味のあることではないかということで、強調したということで、先生のおっしゃるのは、ぜんぜん異論はないところです。

松木　そういえば、一昨年の年末、ロンドンに仕事で行ったときに、ベティ・ジョセフに会ったんですが、ベティ・ジョセフは、当時、九十四歳ぐらいだったと思います――二週間前に亡くなりましたけれども――そのクライン学派のトップにいたベティ・ジョセフが、私に繰り返し言うのは『フロイトを勉強しなくちゃだめよ。フロイトを勉強しなくちゃ』ということでした。クラインの「ク」の字も言わなかったのです。「えっ、この人も『精神分析ってフロイトだな』というところにやっぱり戻るんだ」という思いを内心、抱いたんですが、藤山先生が、今やそういう動きになっておられるということなんでしょうね。

藤山　まぁそうかもしれない。ちょっとマイ・ブームになっています。

松木　まだ九十四歳じゃないですけどね(笑)。

皆さんのほうからのご質問もあるかと思いますが、時間の流れがありますので、私のほうの話をさせていただきたいと思います。

講義 Ⅱ

精神分析の本質と理解を語る

松木 邦裕

体験感覚としてわかること

藤山先生は、精神分析の〝方法〟といいますか、精神分析についての、不可欠な〝本質〟について話されたと私は感じました。ただ、私のような人間では、その〝本質〟をとらえるために、「どのように理解するか」ということに関わるモデルを持つ必要があるのです。そのモデルをずっと私なりに探求してきました。そうして現在行き着いているところを、皆さんに聞いていただこうと思います。

二年間、三年間、四年間、週五日永遠に、と続いていく精神分析は唯一のアプローチでしょうか。そうあって欲しくありません。しかしながら、もっと効果のあるものに私は出会ったことがありませんし、分析をやり通したいと望むに見あう有効さを私は納得しています。けれども精神分析に満足することは危険です。精神分析家は精神分析に不満でなければなりません。

まず最初に、精神分析という方法についてビオン *Bion, W.* が述べていることを挙げてみました――「精神分析というものが、決して十分に満足できるものではない」と言います。しかし、そこで終わるのではなく、「それ以上にいい方法というものを私たちが持っているわけではないので、精神分析をより良いものにする、私たちなりの努力が大事なことではないか」ということを言っているのだと思います。

つまり、完成された精神分析を私たちが実践するということはあり得ないということです。ですから、より良いものを見出していくということなのだと思います。

ビオンはこうも言っています。

精神分析の専門用語を何でも知っていると思っている人は、援助を求めて来ている患者に向かって精神分析家とそっくりに自分は話せると思っています。しかしながら、「そっくりに」は精神分析とは同じではないのです。その結果は、「新しく改善された」――これらの言葉を皮肉に使うならですが――別種の精神分析の大増殖をもたらします。

藤山先生が話されたことにある意味、近いのではないかと思うのですが、精神分析を実践するということは、ただ精神分析の用語を豊富に知っているということではなく、私たち自身のあり方そのものが、精神分析の実践になるのだということです。それをこんな表現で、やはりビオンが言っているのだと思います——「そっくりに精神分析らしく話すことと、精神分析の実践は違う」とのことです。

精神分析の方法の実際

私の思う〝精神分析の方法の実際〟は、クライエントと治療者の双方に関わります。クライエントに求められるのは、カウチに横たわって自由連想をおこなう、思い浮かんだことをそのまま話す、ということです。けれども、実際、経験するとわかるのですが、誰も最初から自由に連想はできないのです。クライエントにとって精神分析は「自由に話せない」ところから始まるのです。そして、その精神分析が本当に好ましいプロセスをたどるなら、「より自由に話せる」ようになっていくんです。

他方、分析家にも自由連想が求められています。分析家のほうに求められているそれは、「もの想い *reverie*」という、起きていながら夢を見ているような、こころの自由なあり方です。そうしたこころのあり方をしながら、前田重治先生の表現を使うなら「無注意の注意」、すなわち「平等に漂う注意 *gleichschwebende Aufmerksamkeit*」とフロイトが言った聴き方を実践することです。この聴き方で感知できたクライエントのこころの無意識部分についての理解を、解釈というかたちの発言で提示するのが、精神分析の方法に則った治療者側の実践なのです。

なにを目指しているのか

藤山先生のお話でも、「目的」という表現がありました。

精神分析ではいったい何を目指しているのかといいますと、それが精神分析にしろ、精神分析的な心理療法にしろ、私たちが目指していることは、患者/クライエントが自分自身を理解することです。「自分自身にとっての真なるもの」を理解することだと言い換えられるかもしれません。

そうだとしたなら、そのためには、私たちも「患者/クライエントにとっての真なるもの」を理解する必要があるでしょう。つまり、一緒にいる面接室のなかに現れている現象、その人自身が表している現象をどう理解していくかが、重要かつ不可欠になるのだと思います。

この真なるもの、面接室のなかの現象の理解に重要な臨床概念が、転移といわれるものです。転移とは、「その人のこころのなかの世界がそのまま面接の場面に表し出されている」といいますか、「そのまま現実化されている」と表現できるものなのです。その転移を、どう私たちが感知するかというところがポイントとなります。

転移を「理解すること」と言わずに「感知すること」と言うのは、それが、頭でわかるというよりも、体験感覚としてわかることが大事だということを伝えたくて、そういう表現にしているのです。

こころの世界のあらわれ

転移は、その人が自分のこころのなかに抱く世界に起源を持ちます。それは、その人自身であり、あるいは、それにかかわる人たちなのですが、それを自己、内的対象と呼びます。その交流世界がそのまま外に表し出されるのです。それが転移と呼ばれるものです。

たとえば、私が分析していたあるクライエントは、不安発作のような恐怖感に突然襲われる人でした。私との関係は安心できるものとして語られていました。

あるとき、私はセッションのなかで突然に咳き込んだのですが、私が咳き込んだことは、彼には、私が今から彼に襲いかかろうとしていると感知されました。咳を引き金として、そういう平穏な雰囲気にあるなかに突発した、非常に恐ろしい事態として体験されるということがドラマチックに起こったのです。それは、彼のこころのなかの世界の突然襲ってくる「暴力的に脅かす対象」として、外にいる私がまさにそのまま体験されたものでした。そのようなこととして表れてくるものなのです。

ですから、定義についてはこのあともう少し述べますが、「その人のこころのなかの世界が外界に、面接室のなかに、そのまま出てくるもの」です。それは過去の事実ではないというのが大事なことです。その人がいま抱えているこころのなかの世界であって、決して過去の事実がいま起こるということではありません。

その人のなかの自分として

それでは、その転移が起こるのに何が作用しているのでしょうか。

私はそこで、投影――厳密にいえば投影同一化――が作用していると考えていいのではないかと思います。患者／クライエントの人たちは、二種の投影同一化のひとつである「具体的な排出」として、彼／彼女が内側に持っているものを、そのまま外に出してしまっているのです。

それを受け取り意識化した私たちは、解釈という〝ことば〟にして返すわけなのですが、それもある意味、一種の投影同一化です。すなわち〝ことば〟という象徴的なものを使って、私

※ **転　移** *transference*

＝　現在の内的対象関係（世界）の外在化　〔Klein, M.（　）は松木の追加〕

参考の定義

治療者との関係に表す、思考・態度・空想。情緒を含む、過去の再現・置き換え。〔Greenson, R.〕

※ **投影同一化** *projective identification*

＝　無意識の排出型の万能空想

――　その二種　※ 具体的排出［PS position］

※ 言語概念・象徴を使う排出［D position］

転移と投影同一化 ①

たちから患者／クライエントに投げ戻すというやりとりとをしているのが精神分析セッションのなかだ、と言えるのではないかと思います。それは患者／クライエントによって、とり入れられ滋養にされることもあれば、再び排出されることもあるものです。前者が望ましいのですが。

患者／クライエントの人たちは、分析の場に来て何をしているのかというと、いろんなことを語ります。もちろん、自分の苦しみや悩みを語るわけなのですが、それだけではありません。語るというよりも、「自分自身を連れてきている」のです。自分自身を連れてきて面接の場で「表している」のです。そして、その自分自身のなかには「いろいろなその人」がいます。非常に乳幼児的なその人自身だったり、大人のその人自身だったり、青年のその人自身だったり、というように「いろんなその人自身」を連れてくるのです。そして、いろんなそういう自分自身

＊　転移は、投影同一化によって成り立つ。

＊　精神分析の構造がその内に転移を収める。

＊　面接室の中に、転移は投影同一化される。

＊　面接室は、彼／彼女の内的世界になる。
そのとき、退行（乳幼児自己の出現、思考や感情の原始化など）が起こる。

＊　私たちは、その内的世界に位置づけられる。　［転移対象］

転移と投影同一化 ②

と、「その各自身にかかわるある特定の内的対象」として私たちを体験する、とのことが起こってくるわけです。

面接室の構造というのが確実に保たれていることによって、そういうこころのなかの世界がより確実でより純粋に持ち出され、そして、表されることになるのです。

ですから必然的に、彼／彼女のなかの「誰か」という配置に私たちは置かれるようになります。それが単に自由連想をするクライエントと解釈をするセラピストという、そういう表層からとらえた単純な関係ではなくて、ある種、もっと「生きた」その人の世界の二人がいるという関係をかたちづくるのです。

転移のあらわれる三領域

〈転移〉は、面接室のなかに起こるひとつの現象であると私は思っています。そして、その現象は、おおよそ三つの領域において現れてきます。

そのひと自身があらわすもの

患者／クライエントがこころに抱いている内容のなかには、言語を介して表現されるものがあります。

普通、カウンセリングということになると、彼／彼女の言語を聞くわけですが、精神分析においては、言語内容を聞くだけではなく、非言語的なもの、つまり、語るときの語り口とか、そのリズム、間、声の湿度とか、あるいは、そういうときの態度、表情、様子とか、そういう現象を含めて私たちが理解していく作業が求められます。

ですから、言語水準では悲しい逸話が語られているものの、その語り口とか表情においては、悲しさが全くないということも起こってきたりするわけです。そのときに、私たちは、「その両方があってその人なのである」ということがいったいどういうことなのかという、その現象を確実に押さえ、その意味を捉えようとすることになります。

こうした患者/クライエントが表すものが、私たちが感知していく現象の中心なのですが、もうひとつ、実際に分析が展開すると、非常に強力な意味を持ってくるものに、クライエントが反復してやって来ている同じ場所である面接室の空間に創生される〈転移〉現象というものがあります。

分析空間のなかに創られるもの

さきほど藤山先生が、観葉植物が置いてあるのにクライエントは気がつかなかったという話をされました。

私のオフィスにも、面接室に入ったら、正面のところに絵を掛けてあるのですが、あるクライエントは、私のところに来ていて、三年目のときの帰り際に、『あっ、こんなところに絵がある』と言ったのです。それまで繰り返し来ていたにもかかわらず、まったく気がつかなかったのです。その絵は、入ったら目の前にあったのに、まったく気がつかなくて、三年目に初めて気づきました。

そして、その次のセッションに来たときに、その絵のことに言及したのですが、その絵は、どちらかというと田舎の寂しい風景なのです。秋の、もう収穫が終わった麦畑みたいな感じのところの、藁だけが残っているような、そこにもう使わなくなったあばら家が残っている、そういう風景なのです。

その風景に言及して『ここには、あんなに寂しい絵が飾ってあるんですね』と言い出し始めたんですが、それは、そのクライエントのこころのなかに、そういう「寂しさ」という表現にあるように、失われたものの感覚がようやく実感され始めたところだったのです。ただしそれは、自分自身の気持ちというよりも、その絵に投影されて語られたと見ることができるでしょう。そのクライエントに焦点をあてたときには、この理解は妥当です。

面接空間を視野に入れたもうひとつの見方もあると思います。そのクライエントが面接室を絵のある空間にした、そして、私たち二人が第三の対象としてのその絵に表されている寂しさに触れていく世界を新たに創ったと見ることができるでしょう。

別の例をお話しします。

ルーターというパソコンの中継機器がありますね、そのプラスチックの黒い小さな箱のようなものをその面接室の本棚の上に置いているのです。

カウチに横になっていたクライエントが、あるとき、そのルーターの存在にふっと気がついて、『あれは集音機ではないですか。ここでわたしが話していることを、あれでみんなに聞かせるんじゃないんですか』と不安でたまらないといった様子で指摘したことがあったのです。そのルーターも以前からずっとそこにあったのですが、その日、突然、その人は気がついて、それが特異な意味を持って——この場合、私への強い被害感、疑念ですが——私たちのあいだに存在し始めました。

こういうかたちで〈転移〉が面接空間のなかに姿を現すという体験を、私たちは分析のなかでするときがあります。

分析家の内に感知されるもの

もうひとつの現象は、私たちのなかに起こるものです。

それは、伝統的に私たちのなかの〈逆転移〉といわれているものです。逆転移とは、「私たちのなかに反応的に生じている感覚」という捉え方です。でも、この感覚の発生を、その所有者を、治療者自身に限定せず、精神分析セッションのなかに生起されている現象だと見ると、患者／クライエントが喚起した現象としての私たちの感情体験、というように理解されるのではないかと思います。

たとえばある著書で、“Cogitations”ではなかったかと思いますが、ビオンは次のようなことを書いています。「治療者のなかに怒りがあるなら、それは、患者が怒りを持ち込んでいることの証拠になり得るものだ」、「ところが、治療者のなかにも怒りがないなら、その患者の怒りがどこにあるのかは同定できない」と。

つまり、私たちのなかの、感情的な、感覚的な体験が、患者のものそのものであるか、患者のなかの何かに反応しているものであるか、どちらであるにしても、それは〈転移〉という現象のひとつのリフレクションとして捉えるという考え方が含まれていると思います。

わかりやすいのは、「どうも……あるクライエントに会っていると、眠くなってしまう」とか、

1. **患者／クライエントが表出する現象**
—— 言語・非言語（語り口、態度、表情、臭いなど）

2. **面接空間に創生される現象**
—— 家具・備品、窓・カーテン、扉、空気

3. **分析家の内に感知される現象**（いわゆる逆転移）
—— 感情・フィーリング・思い・思考・連想

転移現象の三領域

「あるクライエントに会うといらいらする」ということが起こってくるときでしょう。他の人たちとは全然そんなことはないのに、眠くなったりいらいらするということがその人とは起こるというのは、明らかに、そのクライエント／患者との関係で私たちのなかの特定の感覚の生起が起きています。そういう意味では〈転移〉だということで間違いないのです。そのクライエント／患者の何かが私たちのなかに引き起こしている〈転移〉の現象です。

このように私たちは面接室のなかにおいて、以上、三つの現象に注目することに意義があると思います。

現象あるところ　思考がある

外界に存在している事物、すなわち外界の現象というのは、そのままでは私たちの内側、頭、こころには収められないものなのです。

たとえば、ここに机がありますけれども、この机というものは、私たちが「机」という概念を内側に持っていますから、「机」と認識できるわけです。生まれてまもない赤ちゃんはそういう概念を内側に持たないから、これが机だと認識できないと思うのです。

赤ちゃんにはこの外界の机は、そのものなままの、認識できない何かでしょう。ですから赤ちゃんの場合は、お母さんが赤ちゃん自身に代わってその外界事物にことばを添えます。それによって赤ちゃんは外界の事物を認識し始めますし、それを母親からのことば、つまり母国語でおこないます。

「物質のあるところ　そこには幾何学がある」
ケプラー〔Kepler, J., 1571–1630〕

「自然という書物は　数学的記号で書かれている」
ガリレオ〔Galileo Galilei, 1564–1642〕

現象あるところ　思考がある

そういう概念化するという内的な作業によって、私たちはそれらの事物を自分のなかに置くことができるし、概念という形であるから、自分のなかでそれらを操作できるし整理できるわけです。

臨床に戻りましょう。

先ほど述べましたように、面接空間では私たちは患者／クライエントに由来する諸現象を観察します。それらの現象は、そのままの事物としては私たちのこころには収められません。ですから、それらは私たちが既に保持している概念などの思考に、私たちの内側で変形することで理解できるものにはなります。この考え方を明瞭に述べている二つの例を示そうと思います。

ケプラーが言っているのは、外界の物質があるときには、それがどんなものであっても、幾何学的思考で私たちの内側に置けるということです。あるいは、ガリレオ・ガリレイは――自然 *nature* という、私たちが外で体験している事物がありますが――これらのすべての事物をある種の数学的な記号に置換することによって、私たちは自分のなかで取り扱いできるようになる、ということを言っています。これらの例は高度な抽象思考化なのですが、このように現象は思考化されるものなのです。

しかし臨床場面では、そのような高度な抽象化が必要なわけでも、それを成し遂げるわけでもありません。それは概念化です。私たちが既に保持している思考を使ってなし遂げる概念化です。実はここにこころの臨床ならではの重要な問題があります。

そもそも患者／クライエントは、それまでの人生で経験してきたことを内在化して、こころの世界を創ってきています。ですから、そこにはその患者／クライエントに独自な思考化がおこなわれていたとのことがあります。その人が面接室内においてこころのなかの世界のさまざまな対象や自己を投影、つまり出したときには、それは現象という形態をとります。

しかし、述べてきましたように、その現象は患者／クライエントによってそもそも思考化されていたものの**再現象化**なのです。ですから、私たちは面接室のその諸現象から、その患者／クライエントがなし遂げていた思考化をそのまま**それとして**受け取ることこそが、その人のこころを理解することになるのです。

臨床では私たちは、私たちの既成の概念、先入見をあてはめてはならないのですが、私たちが患者／クライエントをそのまま理解するということを、このようにとらえることができるのではないでしょうか。

もうひとつ、こころの臨床ならではの問題があります。

先ほど述べた赤ちゃんの場合と同様に、その患者／クライエント自身では概念化できず、意識的には考えられない原始的思考の水準で内在化しているままの思考も、面接室内の現象には含まれています。フロイトが「事後性」「遡行作用」と概念化して、体験の記憶は残っているがその意味はのちになって認識する場合を述べています。

この体験の記憶と表現されている水準の原始的思考です。ですから臨床場面では、私たちは母親のように、原始的思考が意識的に考えられるように、ことばを提示することが求められるのです。

解釈をすることによって、私たちは患者／クライエントが提示している諸現象を思考に変えるのですが、その実体というのは、そういうことだと思うのです。私たちが〝ことば〟を使って、「概念」として配置できるようにして返すという解釈の必要性はここにあります。

平等に漂う注意

今までのところで、精神分析の〝方法〟が求められるその前提ともいえる〈転移〉の現象について、それから、それらの臨床での諸現象の〈思考〉との関連を中心にお話ししました。ここからは、実際のその方法である〈平等に漂う注意 *gleichschwebende Aufmerksamkeit*〉について、私の考えていることをお話ししたいと思います。

藤山先生は『平等に漂う注意なんて出来るはずがないじゃないか』と言われるのですが、その「出来るはずがないもの」をどういうふうにしたらやってみれるだろうか？　という試みの提示として聞いていただけたらと思います。

〈平等に漂う注意〉の別の表現に、有名な「記憶なく、欲望なく、理解なく」という言葉がありますね。これも、そんなことが出来るはずはないじゃないかという話があるものなのですが……。

〈平等に漂う注意〉、「記憶なく、欲望なく、理解なく」という方法を実践するための私たちのこころの姿勢として、「もの想い」にふけるといいますか、それは言い換えれば、「起きていて夢見ること」があげられるでしょう。

精神分析的サイコセラピーや精神分析、そういう治療法を実践しているときに、あまり頭が鋭敏だと、かえって知的にとがって考えて、その人を全体として理解することが難しくなります。そうではなくて、少しぼんやりとしたような焦点化しない感じにとどまっているほうが望ましいのです。

いろんなものを万遍なく感知して、そのなかから何か大事なものがふっと浮かび上がってくるという質の聴き方です。そういう聴き方をもたらすのが、こうした、「起きて半分夢見ている」ような状態、「もの想い」しているこころの状態です。

ここで興味深い問題として提示したいのですが、実はドイツ語の gleichschwebende Aufmerksamkeit には、私がいろいろ調べてみたところ、二つの英訳があるのです。

ひとつは、free floating attention（自由に浮かんでいる注意）という訳です。もうひとつは、evenly suspended attention（平等に抑止されている注意）という訳です。英語にこの二つの用語訳があるということには、いわゆる〈平等に漂う注意〉についての方法に異なる認識があり、その結果方法として違っているのだと私は考えるに至ったのです。そこには、精神分析が発呈していった歴史も関係しているですが、ここではそれは横に置いておきます。

自由に浮かんでいる注意

この方法は、具体的なモデルを持ち出すと、「真っ暗闇を照らしていくサーチライト」があてはまるのではないかと思います。

真っ暗闇はクライエント／患者のこころの無意識のメタファーです。サーチライトというのは、どこか特定な箇所に焦点を当てているのではなくて、とくに意識することなく、ライトをぐるぐる回しているものですね。ライトの焦点をあちこちにずっと当て回しているような、そんな、焦点化せずに万遍なく照らしていく聴き方ということです。

だから、この方法では、漂わせてはいるのですが、しかし、決して宙に浮いたままではないのです。焦点化しないで、意識的にではなく焦点をずっと動かしながら聞いている聴き方です。おそらく、私たちが分析的な心理療法、特に対面法で週一回とか二回のセッション頻度という設定のときに、こういう聴き方をしているのではないかと私は思います。

このような聴き方をしていると、サーチライトみたいに焦点をあちこち回しているなかで、ある重要な感情（フィーリング）が感知されるのです。たとえば、それは不安だったり、抑うつ感だったり、寂しさだったり、怒りや憎しみだったりするわけなのですが、そういう中核的な感情（フィーリング）を free floating attention で感知することから、そのクライエント／患者のこころについての理解が始まります。

次には、感知された感情を基礎骨組みとして、本人の語っている内容については既にずっと聞いていっているわけですから、そこにある無意識のコンテクストをつかむ作業に進みます。たとえば、「怖い」という感情があったときに、「わたしは見捨てられるのが怖い」という、そういうコンテクストのなかで読める可能性が出てくるのです。

そして、その次に進みます。見捨てられるのが怖いというときに、「誰が見捨てるのか?」ということが、当然、私たちの考えに自然に浮かんでくると思うのです。それは、たとえば、父親か母親に見捨てられるのが怖い。つまり、だから、面接者に見捨てられるのが怖いという、そういう対象関係というものが出てきたりするわけです。対象関係の配置、つまり、そのコンフィギュレーションが浮かび上がってきます。

そうしたときに、単に、セラピスト、あるいは、父親、母親に見捨てられるのが怖いという、そのコンフィギュレーションが浮上してきただけではなくて、「それは何がきっかけで発生してきているのか」という、次の流れにつながっていったりするわけです。

たとえば、あるケースにおいて、そのクライエントの連想と私の理解が述べてきたような流れで進んでいるとき、分析的心理療法の最中に、玄関の呼び鈴が鳴り、誰かが訪ねてきたことがあったのです。そうすると、それが引き金となって、そのクライエントに、「あぁ、もう次の人が来て、自分はこの面接室から追い出されるんだ」という思いが湧き上がってきたのでした。その思いから、かつてその人が子どもの頃に、不意に親戚の人が来て、その人にはわけもわからないままにその親戚に預けられたことが想起されました。

そこから、その人の無意識のナラティヴ *narrative*、物語りを読むということがなされるわけです。無意識的空想 *unconscious phantasy* を理解するとも言い換えられるものです。

無意識的な感情の感知、無意識のコンテクストとコンフィギュレーションの把握、無意識のナラティヴを読むという手順を進めながら、並行して自己モニタリングを続け、私たちの〈逆転移〉と感知されているもの、たとえばクライエントの話を聞いたり様子を見ながら、私たちのなかで「なにか可哀想な思い」が起こってくることもあれば、「聴いているんだけれども、

① アナライザンドに gleichschwebende Aufmarksamkeit （≒ free floating attention）でもって耳を傾け、今ここでのより深い不安・その他の感情を感知する。

② 感知された感情を軸に置いて、語られていることの**無意識のコンテクスト**を読む。

③ そこにある対象関係の**視覚的コンフィギュレーション**（配置）を摑む。

④ その像の経時的な構成を成すナラティヴ *narrative* を読む。

⑤ ②〜④と前後しながら、**逆転移**として感知されているものを認識する。

⑥ ①〜⑤の総合を踏まえて、**転移**の質とダイナミクスを知る。

⑦ 転移の理解を踏まえて、今ここでの関係性の視点から解釈を作り上げる。

精神分析的精神療法の方法　その１

あんまりピンと来ないというか、なにか遠い感じ」が感じられたり、「聴いていて、もうひとつ、着いていく気にならないような、ある種のなにかちょっとした嫌悪感みたいなもの」が感じられることがあるでしょう。こうした〈逆転移〉感覚を追跡しつつ、それらを〈転移〉の理解と照合していくことが、クライエントのこころの世界の展開をより精密にかつ正確に知ることにつながるものなのです。

こうして転移の質とダイナミクスを認識し、今ここでの関係を軸に置く〈解釈〉をつくりあげます。

自由に浮かんでいる注意 *free floating attention* が導くひとつの方法を提示しました。

この方法は、先ほど述べましたように、精神分析的な心理療法において、けっこう皆さんが使われているものではないかと思います。また、スーパーヴァイザーのもとで身につけられる、学ばれる方法ではないかと思います。

平等に抑止されている注意

この方法は、さっきのサーチライトのように注意をあちこち自由に万遍なく照らして回るのではなく、もっとぼんやりしています。どこにも注意を焦点化しないあり方です。注意を宙に漂わせたままにしておきます。そうしていますと、どこにも焦点化しないといったって、焦点が変なものに当たったりします。

クライエントの話を聴いているうちに、「きのう、晩ご飯、なに食べたかな？」とかいった考えが浮かんできたり、あるいは、三日前に起こったある出来事がふっと浮かんでくるようなことが起こったりするわけです。

そのとき、三日前の出来事が浮かんできて、「あぁ、こんなことがあって、なんであんなこ

① アナライザンドその人の全体としての現象を、
gleichschwebende Aufmerksamkeit（≒ evenly suspended attention）として感知する。

② その現象全体に触れ味わう。
――「**もの想い** *reverie*」／起きていて夢見ることのなかで。

③ その感覚を私たちのなかで意識化し、理解する。
――「**選択された事実** *selected fact* **の直観**」による概念化。

④ 私たちのなかでことばをつなぎ、正確な意味を成す分節にする。［分節化 *articulation*］

⑤ それらのことばを、アナライザンドの理解に適うように変形し、解釈する。

精神分析的精神療法の方法　その2

とになっちゃったのかな?」とか思ったりすると同時に、「あれっ、なんで、いまここでこんなことが浮かんでいるのかなぁ?　この人の話を聴いていて、こんなことが今浮かぶって、いったい何だろう?」と考えていったりするような、このように注意が漂っているあり方です。

これを、もうひとつの方法として私は示しています。

注意のこのあり方は「面接室の現象全体に触れ味わう」といいますか、そのクライエント／患者が醸成している空気そのものを味わう、そのものに触れるという感覚的な体験です。

こうした漂う注意をもって聴いているときに、私たちのなかで、「ああ、そうか」というインスピレーションが湧いてくるときがあります。すなわち、直観です。それが、その人についての理解をもたらしてくれるのです。だから、この方法で聴いているときには、直観的理解に不意打ちを喰らわされることもあります。それまでずっと何もつかめない感じが長く続いたあととかに。

そして、その理解をきちんとクライエント/患者に伝わる〝ことば〟にして解釈することを私たちはするでしょう。――という、これが、evenly suspended attention（平等に抑止されている注意）がもたらしてくれる、もうひとつの作業の仕方ではないかと思います。

実際の分析臨床場面では、私たちはおそらく、free floating attention（自由に浮かんでいる注意）とevenly suspended attention（平等に抑止されている注意）の両方を使っているというか、両方の方法で働いているのだと思います。

ただ、セッションの頻度が多いほうが、つまり、週に何回も会うほうが、この後者の方法は使いやすいです。つまり、注意を抑えてこころを漂わせて聴くことで空気を味わい続けるのは、セッションの回数が多いほどやりやすいのです。

週に一回ほどですと、そのセッションにおいて何かの作業をしておく必要性が出てきますよね。でも、週に四回、五回会っていると、一回のセッションで確実に作業するというように、あまりこだわらなくていいのです。その週の四~五回のセッションが分析作業として成立すればいい、ということがありますから。

それにしても、free floating attention（自由に浮かんでいる注意）のときには、ある程度、頭、つまり知性が働いているのです。ところが、evenly suspended attention（平等に抑止されている注意）では、どっちかというと、感情、つまりこころが働いているのです。ですから、こころが働いているほうを優先するか、頭が働いているほうを優先するかは、場面によっては選択する必要が出てくるでしょう。その選択が無意識になされるのが望ましいと思います。

たとえば、あるクライエントが語っていることが、コンテクストから読めば非常によくかわる話だけれども、しかし私の感情は、そのことよりも、「この人が、今日はこの部屋に本当にはいないように感じる」という、遠いという感覚のほうが重要に感じられることがあります。そういう場合には、後者を優先するほうが、分析的なセラピーとして実りが多いものになることが少なくないと私は思います。

転移プロセスでの思考の変形

さきほど「思考化」する「概念化」することについて話しました。その関連で、精神分析のプロセスで何が起こっているか、ということを考えてみましょう。

もともとある考えを、そのクライエントは分析が始まる前にすでに持っているのです。しかし、その考えが、その人のあり方にとって、何かうまくいかないものを含んでしまっているわけです。ですから、その人は葛藤的に苦悩し、それを解決できないのです。

例をあげてみます。ある人は「母親は可哀想な人だけれども、それは父親が横暴な悪い人だからである」との考えを、幼い頃からずっと持ち続けてきました。もう、物心がはっきりとついたときには、父親は一方的に暴力をふるうから「横暴な悪い人」、母親は「傷つく可哀想な人」という両親についての概念が、信念のようになっていました。

そして、そういう「女性は可哀想な人、男は横暴な人間」という見方に基づく対応を、その後の人間関係でずっと繰り返します。もちろん、本人は誤った概念とは思っていないのですが、しかし、そのために、人間関係や生き方が行き詰まります。そこでクライエントは、「人間関係の問題、困難さ」を抱えて来るわけです。

そして、分析のなかで〈転移〉が活性化されます。つまり、セラピストとのあいだで「実演」化されるということが起こります。すでに概念として持っていた「横暴な悪い父親」がもはや概念ではなくなり、セラピストが横暴な悪い父親そのものになるのです。

たとえば、男性セラピストが自分の都合でセッションを休みにしたとします。その「休んだ」ということは、クライエントを大事にしていない、横暴な悪い父親がセッションに現れているという体験になります。そういうこととして、「劇化」という表現もできるかもしれませんし、「現実化」という表現もできるかもしれませんが、関係のなかにそのまま起こってくるようになるのです。

これは、それまで「概念」として保持されていたものが、〈転移〉という現象、すなわち夢思考－夢－神話水準に退行した「思考」として表現されていることなのです。

ですからこの思考は、そのクライエントには面接室内の言動や、やりとりのドラマとして体

分析前		分析中		分析後
E.（誤った）**概念**	⇒	C. **夢思考・夢・神話**	⇒	E. **概念**
［D. 前概念］ ［B. α要素］ ［C. 夢思考・夢・神話］ ［A. β要素］		［B. α要素］ ［A. β要素］		［D. 前概念］ 他

転移過程での思考の変形

験されるとともに、セラピストは、その退行化した思考を理解するとともに、新たな視点からもう一度概念化します。たとえば「父親は、横暴になるとの問題はあっただろうが、朴訥な父親を気の強い母親が挑発するところもあったようだ」との、どちらも良くも悪くもあったと再概念化した解釈を伝えることがあるでしょう。こうして、〈転移〉を通した退行を経て「思考」は変形されるのです。

解釈すること

話題は〈解釈〉に移ります。解釈するというのは、私たちの分析のなかでの重要な仕事だと思います。

〈解釈〉するには、その手順があります。まず、さきほどから言っていますように、「アナライザンドの無意識の何かを私たちが感知する」ということがあります。これは、聴いている内容を把握することに限定するのではなくて、むしろそのときそこにある空気を、アナライザンドが発言とともにもたらしている空気に含まれる何かを感知することがより大切です。それをそのまま味わうことをします。

続いて大事なことは、味わうだけに留まらず、それを自分の感覚のところで意識化することです。この意識化するときには、まだ〝ことば〟にならないのです。

たとえば、ある種抽象的な視覚像だったり、イメージ的なものだったり、音だったり、ある

① アナライザンドの無意識の何かを、感知する。

② それに触れ、味わう。

③ 次にそれを、私たちのなかで意識化する。

④ 私たちのなかで、ことばに変形する。

⑤ ことばをつなぎ、正確に意味を確定する。

⑥ アナライザンドの理解に適うように、変形する。

⑦ 変形されたことばを、時機をとらえて、アナライザンドに向けて明瞭に発声する。

解釈すること

いは、自分の過去のなにかの体験、たとえば小さい頃の寂しかった体験感覚だったり、あるいは「俺は怒っているんだ」といった、ある種の強い感情だったりということで、意識化されるのです。

意識化したあとに非常に大事なことは、やはり、それを「概念」にする、つまり、〝ことば〟に変形するということです。自分のなかで、**何とかしてきちんと適切なことばにする**ということが大事になってくるのです。

しかし、この自分のなかで〝ことば〟にしたものは、私たち自身のための〝ことば〟ですから、そのままクライエントに伝えても、私たち自身には意味がある〝ことば〟であるとしても、クライエントには意味をまだもたらさない〝ことば〟である可能性があるわけです。ですから、彼／彼女はどんなふうなら聴くことができるだろうか？　という観点から、私たちの〃ことば〃をもう一回変形して、その変形したことばを明瞭に伝える。これが〈解釈〉です。

シェーマティックに言えば、表のように、七つのステップを、解釈の作業として私たちはやっているのだろうと思います。

解釈の作用とは

それでは、〈解釈〉はどう作用しているのかを考えてみましょう。

いろいろな考え方があります。ここでいくつか示すのですが、これは私自身が持っている考えにすぎませんから、皆さんは皆さんの考え方を見出されていいものだと思います。

〈解釈〉においては、**破局的な感覚**を伴う心的変化を導く必要があると私は考えます。

「破局」とはどういう経験かというと、患者／クライエントがそれまで持っていた、自分なりの考え方や感じ方など、本人は「それが自分だ」と思っていたものが、わからなくなったり、あるいは、考えがまるでまとまらなくなったり、わけのわからない感情に襲われる事態です。そういう、自分が壊れてしまいそうな感覚です。それがあってこそ、心的変化がそれに続いて起こるのです。
この「破局」感覚には、大小バラエティがあります。

考え方の一つ目

こうした心的変化は、次のようにして起こると考えられます。

〈解釈〉による私たちの言語的介入によって、アナライザンドの無意識に抱かれていた感情や思考が、〝ことば〟化された「概念」とつながって、アナライザンドのなかでそれとして実感されるのです。「あぁ、そういうことか」「あぁ、そうなんだ」と得心されるのです。

考え方の二つ目

人は誰しも、かなり体系だった無意識の空想を抱いていると思うのですが、〈解釈〉によってその一部分を切り取って見えるかたちで提示しているのだ、というのがふたつ目の考え方です。

それによって、クライエントが、自分が無意識のなかに抱いていたものの一部を思考として意識化することになるのです。

そういう新しい実感のある考えが意識に入ってくると、その人の意識・無意識両面での考え全体が揺れ動いて、それを収めようとすることが起こってきます。そういうダイナミズムで考えが変容していく、ということが〈解釈〉によって起こると考えます。

考え方の三つ目

アナライザンドの無意識のなかに、「知ってはいたけれども、意味をもたなかった」という漠然としたままに置かれていた心的事実があります。そういう事実が、〈解釈〉によって新たな視座のもとに浮かび上がり、重要な意味をもつものとして認識され、その人に他の事実とつながって意識化されることになります。

そうすると、その認識から、連動するほかの文脈も大きく揺さぶられる、ということが起こってくるわけです。こうしてこころのパラダイムが変換されるのです。

たとえば、治療者が既知の事実を別の視点からとりあげたところ、「父親は乱暴なひどい人だと思っていたけれども、自分に気を遣ってくれていたところがあったんだ」とクライエントは気がついた、としましょう。

このように、父親は悪い人／母親は良い人という既存の考えが揺さぶられることになったときに、「そう言えば、お母さんはお父さんから殴られたりして可哀想だった。だけど、その愚痴を、わたしは年じゅう聞かされていた。お母さんは自分でそれを抱えないで、それこそ、わたしのほうが抱えていたんだ」というように、自己の体験や母親の見え方が変わってくるということが起こってきます。

こういうかたちでの変化が起こるという捉え方もあるでしょう。

考え方の四つ目

これは、ちょっと特殊な事態に対応する考え方です。

精神病の妄想のような、ある種の信念、つまり、考えのつながり方、思考のまとまり方がまったく非現実的なつながり方になっているものを、〈解釈〉によって一回、解きほぐします。

アナライザンドに生じる現象として、
奇妙な夢や一瞬浮かんだ考えのように、
無意識の思考や感情が凝縮されて意味不明であったり、
あるいは精神病の妄想のように無意識の思考が解き難く凝塊化しているとき、

解釈は、このからみあった思考や感情を緩めて解きほぐし、
その配列を整え、現実に即した意味を有する感情や思考をもたらす。

考え方の四つ目

それから次に、現実に依拠したつながりを創っていく、そういう解釈をしていくことで意識的思考を変化させるという〈解釈〉の作用についての考え方があります。

これは精神病の人の場合に、〈解釈〉における「達成すること」という視点から考えられるものだと思います。たとえば、依存関係の質が妄想的で具体的な性愛に直ちになってしまう統合失調症の人において、性愛からの混乱を意識化する〈解釈〉を通して、性愛化をゆっくりと減らします。そしてさらに、関係の今ここでの現実的な質に目を向ける解釈を続け、関係の質を乳児的依存に変換していくことは、クライエントの安心を育むというひとつの達成をもたらします。

非言語性コミュニケーション

解釈をするというのは、〝ことば〟で伝えるということです。ことばで伝えるのですから、私たちが伝えている内容が、患者／クライエントにまず聞かれていると私たちは考えます。

言語内容以外で伝わるもの

ところで、伝えることは「行為」なのです。

ですから、たとえば同じ「あなたは寂しかったんですね」という発言でも、その〝ことば〟の内容以外の、治療者のどういう感情がそこに加わっているか、発語のリズムや間合い、声の高低、大小によって、聞こえ方がぜんぜん違ってくるということがあるわけです。

たとえば、ぶっきらぼうに伝えるのか、それとも、非常に丁寧に伝えるのかという、そういう話し方によって違ってくるところがあります。そういう行為の側面に、私たちはやはり注意をしておかないといけません。

もちろん、クライエント、患者も、非言語的にいろいろなものを伝えてきているのですが、私たちもそれをおこなっているのを認識していることは大事です。

語られなかったことばの影響

解釈の〝ことば〟をつくるときに、そこから排除するものが当然、出てきます。その排除している部分があることも、認識しておくことが大事です。つまり、その語られなかった部分が、むしろクライエントに影響するということが起こってきたりするわけです。

たとえば、私たちが「寂しかったですね」と言うときには、そのクライエントには寂しい思いと同時に「怖かった」という思いがあったかもしれないのですが、「怖かった」という〝ことば〟は、私たちの発言から解除されてしまっています。ですから、私たちが「寂しかったですね」と言ったときに、クライエントによっては、「ああ、このセラピストは、わたしが怖かったということがわかっていないんだ」と受け止めることだってあり得るわけです。

このように、分節化をする、つまり〝ことば〟を選んで並べるという作業をして、語る〝ことば〟が選ばれたときには、語られなかった〝ことば〟があります。実際に、私たちがクライエントから体験するものは、たくさんのことがあるわけですから、そこから選ばざるを得ないわけです。

「語られなかったものもその人を表している」という認識の重要さを、私たちは知っておきたいものです。

討論

藤山　どうもありがとうございました。松木先生の話は、非常にスムーズにわかる話だと私は思います。

おっしゃることをお聞きするかぎり、松木先生とは精神分析の〝本質的〟なところの考え方において、ほとんど違いはないのではないかといつも思っております。ただ、その強調点が違っているというか、先生は「解釈自体の効果」ということに非常に意味を感じておられると思うんですが、私は「解釈しかしない、解釈しか目指さない分析家がそこにいる」ということに意味を感じているところが違っています。だから、そこがちょっと違っているかもしれないけれども、ほとんどやっていること自体は変わらないような気もします。

でも、そんなことを言っていても討論にならないので、いくつか、先生のお話に討論を試みます。まず、evenly suspended attention と gleichschwebende Aufmerksamkeit の話ですけれども、gleichschwebende の gleich というのは even なんです。「平等だ」ということです。schwebende は、どっちかというと「漂う」という意味です。だから、本当は、直訳は evenly floating attention なんです。それなのに、evenly suspended と free floating の二つの訳ができてしまったのはとても興味深い。そこのところに着目した先生の視点が、私にはとても面白く感じました。

先生のお考えでは、どっちかというと、free floating のほうは、わりと回数の少ないセッションで、わりと能動的に推論過程を動かすセラピストの活動です。それから、evenly suspended のほうは、頻回の精神分析プロパーの場合の分析家のレセプティヴィティ、受容性の本質みたいなものに触れている。この区別についての考えは、先生のオリジナルなもので、とても面白いと思います。

ひとつ付け加えるとすれば、suspend という言葉は、英語で「抑止する」という意味はほとんどなくて、『研究社 新英和中辞典』を見ると、もともとの意味は「吊るす」という意味なんです。「吊るす」「一時的に停止する」。「吊るす」、「宙づりにして保留する」という意味ですよね。suspend の名詞形はふたつあって、ひとつは suspension。サスペンションというのは、自動車についているやつですよね。自動車では、バネでタイヤを宙吊りにしているんです。技術用語では懸架といいます。四輪独立懸架とかね。でこぼこのところに来ても、タイヤが吊られているから、車の車体が揺れないようになっている。あれがサスペンションですよね。

もうひとつの名詞形は suspense です。スリルとサスペンス、というときのサスペンス、「火曜サスペンス劇場」のサスペンスです。サスペンスというのは、要するに、わからないまま、わからない状態で宙吊りになったまま、観客をはらはらさせるということなんです。そういうのがサスペンスです。「火曜サスペン劇場」はほとんど最初から犯人がわかるから、あんまりはらはらしないですけどね〔笑〕。でも、本当のサスペンスものの映画というのは、はらはらするわけです。つまり、それはわからないこと、not knowing ということと関係があります。

だから、この evenly suspended というのは、not knowing の状態に触れた言葉であると私は理解しています。この私の発想について先生はどう思われるでしょうか。これはひとつ、コメントです。

それから、もうひとつ。解釈ができあがるというのもそうだし、free floating attention, evenly suspended、どちらにしても、線形にこういうプロセスでセラピストが機能しているという概念化はとてもわかりやすいし、いいなと思われがちです。

ですが、私の立場からすると、そのように線形にものごとを全部書いてしまった途端に本質が見失われる可能性というものも、精神分析においては考えておかねばならないと思います。解釈ができあがって投与される道筋において、そんなに線形に、リニアにものごとが起こっているのかという疑念があるわけです。つまり、結局、そうした考え方は、因果論的な、下手をすると認知行動療法みたいなものの考え方になっちゃうからです。

私の考えでは、精神分析は「主体が揺らぐ」ということによって成立しているものです。決して線形には精神分析家の機能は書き表せない。ひとつのモデルというか、近似として、先生がおっしゃった線形過程というのは意味があるし、特に初学者には意味があると思うんですけれども、それにこだわると、本質を見失う。そこについてはどうお考えでしょうか。

最後の解釈の作用のところもそうなんですが、解釈の作用というのは、本当のところ、永久に誰にもわからないことなんですよ。私たちがわかるのは、解釈の後でコンファメーション *confirmation* といわれる現象が起きることです。解釈をしたことに直接に患者が言及する場合もあれば、患者はそれに全く知らんぷりをしているにもかかわらず、その後すごく連想が豊かになるとか、それまで遅刻していたのが全然しなくなるといったことが起こる。そういう現象について、コンファメーションという言葉があるわけです。

解釈のコンファメーション、解釈を確認する手続き。それは、現象として現れたことをつかんで、それをその前にした解釈と結びつけて、「あぁ、あの解釈はこの現象とつながりがあるんだな」と考えることです。それしか私たちはできない。その間に起こってくることがどんなことなのかということについて、先生はいくつかの仮説を語られたんですけれども、これにあまりこだわり過ぎると……。たとえば、そのときに解釈したことについて『あぁ』と患者が言うことがいいことだと思う。そういうことを考え過ぎちゃうと、精神分析らしくなくなっちゃうというか……。

ほとんどの場合、解釈したって『あぁ』とか言わないと思うし、解釈に知らんぷりして、「バカじゃん」とか何とか言っているくせに、どんどん患者が変化して良くなることもよくあると思います。つまり、その現象というものをどうつかむかということと、この解釈の本質的な作用としての先生の仮説というのは、私は意味があると思ったのですが、それを混同して理解されるとちょっと危険なのではないか、と考えたということがひとつあります。はい、この三つですね。

松木　藤山先生、ありがとうございます。

最初の suspended に関するコメントは、非常に貴重なコメントで、おっしゃるとおりの理解ができると思うので、とてもありがたい補足をいただいたと思います。

藤山　論文に使ってください（笑）。

松木　はい、そうしましょう。それから、解釈の作用について、いくつかのモデルを示したんですが、あのモデルは、ひとつのセッションのその場での短いやりとりに生じる作用というよりも、もっとロング・タームのプロセスのなかで投与されていく解釈がどう患者／クライエントの思考に働くかという、そういう水準での体系化された思考の変形として述べたつもりなんです。

ですから、実際のセッションにおいては、先生が言われるように、解釈に対して、クライエントの反応があったりなかったりします。反応がないというのも「無反応の反応がある」ということなんですが、それが、コンファメーションになるかならないかという視点を保持しながら、私たちは、それに続くクライエントから出てくる現象を見ていく作業を続けることは、当然ながら、大切ですね。

要するに、治療関係はダイナミックな関係ですから、臨床の現象は動いていきますから、その動きを捕らえることと、その動きでの相互交流の質を捕らえることが大事であると確かに思います。その動きをつくるものとして、私たちの解釈が、そこに持ち込まれるということですね。そして、もちろん、クライエントはクライエントで、言語的に、非言語的に、その人が持ち込みたいものを持ち込んでいくという流れのなかで、解釈がどう受け取られているのかを追うことが重要であるのは確かだと思います。

言いましたように、示したものは私なりのモデルであって、皆さんそれぞれが、皆さんそれぞれのモデルを持つことは当然必要なことであると思います。私の示したモデルは、たとえば、自我心理学が示すモデルとはずいぶん違うものと考えていいと思うので、自分の分析の体験がいったい何なのかを、自分なりに意識化するという作業として意義を持つのではないかと思うのです。

というのは、精神分析の体験にしろ、ほかの体験にしろ、やっぱりどこかで意識化していく作業をしないと、自分のなかでクリティカルに評価し、直すところは直すということができないですよね。ややもすると、何となくやって、何となくうまくいった。何となくやって、うまくいかなかったという、なにか曖昧模糊としたものに、私たちの臨床的な活動ってなりやすいんです。経験を重ねているうちに、何となくクライエントがドロップアウトしなくなったとか。でも一方で、何となく、なにも成していないような気がするとか、そんな思いも抱えているようになってしまいやすいものです。ですから、やっぱり自分のなかで、いったい自分が何をしているのかということを常に意識しておき、その意義を検討することが大事だと思うんです。

そういう意味で、さっき藤山先生が「線形」といわれた、ああいう認識は重要だと思います。私の提示は私なりの経験から考えたものなので、皆さんには変形する自由な権利も、放棄する権利だってあるでしょう。いずれにしても、作用のモデルを持つというのは、訓練のプロセスで自分の頭を整理するのには役に立つんではないかと思います。

藤山　モデルをもつ、ということですね。モデル、ということは、それそのものではないわけです。そのことがだいじなのだと思います。

精神分析で起こっていることを言葉で言えば、言葉は線形にしか描けないから、つまり、同時に複数のことを言うことはできないから、必ず「何々、そして何々」と言うことになる。そう言った途端に線形になっちゃうのです。要するに、言語による思考というのは線形なので、精神分析という、考えることができないものを考える営みを記述するときには、それを言葉で書き表そうとする試みはすべてが「近似」に過ぎないということなんですよね。
そのことを踏まえたうえで、先生の提示されたような線形のモデルをいくつか持っておくということは、セラピストを部分的に非常に支えると思います。そういうことを否定はしていません。ただ、絶えずそのことには限界があることに気がついていないと、私からみると、かつての自我心理学みたいになっちゃうと思うんです。絶えずそこには非線形の過程が存在している、パラドックスというかダイアレクティークというか、そういうものが存在しているという前提を持っておく必要があると思います。

ありがとうございました。だいたい時間になってしまいました。

In Retrospect…　ふりかえり

松木 邦裕

藤山先生の講義や学会発表を聴いていつものことながら感心するのは、これは私なりの表現ですが、その「思考の瞬発的深まり」です。思いがけない展開から一挙に、ぐんと深い本質的なところを摑み出されます。そこには自在な感じがあり、私にはたいへん羨ましいところです。おそらくその背景には、日頃の生活のなかに、こころを集中して物事を深く考えるという習慣を持っておられることがあるのだろうと推測しています。

この日の藤山先生の講義も、そうした自在さと「瞬発的深まり」を実感する機会でした。たとえば〈精神分析的なことを実践するということは、決断です〉〈精神分析は、ひとつ覚えのように、ただ転移を扱うだけです〉と述べられました。まったくそのとおりなのですが、この「決断」や「ひとつ覚えのように」という恐るべきことばを、自在に持ち出されます。また、〈「解釈をする」ということも大事だけれども、「解釈以外のことをしない」ということが大事だ〉との発言がありました。それが〈解釈をするか、向こうの（内的――筆者）対象の一部になって持ちこたえないかの岐路に、いつも僕たちは立つわけです〉という発言に続きます。

これらは押し並べて、精神分析で治療者が携わる作業のまさに〝本質〟である、と私も考えるところです。そしてこれらは、臨床経験を深く内省して初めて認識できることです。ただし、そうした本質的な認識を、このように、断崖が目の前を蔽っている峡谷を何気ない様子で歩き抜けるように語っていくことは、私には真似のできないところです。

〈線形〉という表現を藤山先生は使われましたが、たしかに、一つひとつを押さえて筋道を確認しつつ前に進むというのが私のやり方です。見通せそうな筋道を見出し、それに則って進展しようとします。しかし実際には、うまく則れないほど不器用でもあります。また、最終的にはどこかで自分の感覚を優先させ、その感覚に従い、得られていたはずの見通せているはずの道から外れます。そこは自在ではありません。飛び込み台の上での〈決断〉なのです。

精神分析の実践を成立させているのは、精神分析固有の設定と、〈道具〉あるいは〈装置〉としての精神分析家であると、つまり〝精神分析の方法と本質〟は、それらにあると藤山先生は言われました。そのとおりだと思います。精神分析は、その人が**精神分析家になって**おこなうものである、ということです。ビオンは「精神分析家であることと、精神分析家にそっくりに振る舞うことはまったく異なる」と言いましたが、その発言に通じています。もちろんこれは、私たちの内的な姿勢、あり方についてのことです。これが伝えているのは、「精神分析の専門家とは、どんななのか？」をいつも静かに考え、自己分析し続けることが私たちに求められている、ということではないかと思います。

当然ながら、このことは、単純に〈道具〉や〈装置〉になりきってしまうことでは決してありません。私が理解するには、生きている人としてその人独自の感性を磨き、それを自由自在にはたらかせつつ必要なコントロールも効かせ、〈道具〉や〈装置〉になることです。これらの含意を藤山先生の講義から、読み取るのではなく、見取って、嗅ぎ取っていただきたいと思います。

実は、セミナー当日の討論では、参加された方々から、たいへん興味深く刺激的な問いが提出されました。そこでは、人は自分についての真実を知ろうとストラグル／格闘しているのだということ、その人たちのそうした思いに真摯に出会おうとする姿勢が、精神分析の大事な本質の一つであることが、分かち合われたように思います。その実践は、精神分析を誠実に実践することであることも付け加えておきたいと思います。

最後になりますが、春の一日を、精神分析について思いを自由に巡らせるときとして、一緒に過ごしてくださいました参加された皆様に感謝を述べたいと思います。それぞれの方が、この一日のあいだに浮かび上がってきた感情を味わい、考えをゆっくり醸成させていく作業をこころのなかで実行され、それは《精神分析スタディＤＡＹ》の一日が過ぎた日々にも続けられているのではないかと思います。

それぞれの方が自分の精神分析臨床を、ゆっくりと、しかし確実に、その人らしく創り上げていかれていることでしょう。

藤山直樹

松木先生と一日まるまる、精神分析の本質について話せる時間を過ごせたということは、私にとってとても贅沢な体験でした。

松木先生とのお付き合いも二十年くらいになるでしょうか。パネルや討論の機会も、これまでにかなりもってきました。一例は、みすず書房から出た『精神分析を語る』という本に収められています。そうした積み重ねによって、松木先生がどんなことを言うのかまではわからなくても、どんなふうに言うのかについては、最近はなんとなくわかる気がしています。

松木先生と私とは、興味をもつ事柄はとても近いのですが、アプローチのしかたはおそらく体質的に違っているので、好きにしゃべってもまず重ならない話ができるような気がしますが、最近では、松木先生がしゃべりそうな角度や視点を予想して、それと違う角度、違う視点を、と考えて話したりしている自分がいることに気づきます。その予想が微妙にはずれたりすることがまた楽しくもあります。

今回のテーマに対して、私は分析家の準備も含めた設定の話をしました。分析実践は、精神分析家と精神分析設定を用意して患者を迎えるものです。私はそこで起きていること自体の本質を掴まえることはとても難しいと思い、精神分析が精神分析らしく進展していく、つまり、その本質を維持したまま展開していく必要条件としての設定が方法論なのだ、という観点で話をしました。設定はモノですから、言葉で描き出し定着することは容易ですので、方法として伝えやすいのです。

それ以外の方法の要素、たとえば過程のなかでの精神分析家らしいふるまいについて、言葉に定着するのは難しいような気がします。フロイトはそれについて書いているようにみえます。しかし、彼が書いたことは、分析的なできごとがうまく進んでいるときの分析家のありようです。平等に漂う注意も、外科医のような情緒的冷たさも、無意識を受容する無意識も、鏡のように相手だけを映す分析家も、みなそういうものです。あるいは、転移性恋愛をいくらか非現実のものとして扱う、ということもそうです。そういうことができるくらいなら苦労しないのであって、そういうことが起きていればそれは分析がうまくいっているということであり、私たちが本当に知りたいのは、どうしたらそういうふうにうまくいくのか、というところなんですが、フロイトはそれを教えてくれません。

私からすると、これにはふたつの解釈がありそうです。ひとつは、過程のなかでどのようにしたら事態を「精神分析らしく」できるかは言葉で教えることができない、ということを暗黙にフロイトが語っている、という解釈です。言葉でそれを語る原理的限界にフロイトがぶつかっていることを、彼が私たちに身をもって見せてくれているということになります。もうひとつの解釈は、それを言葉にできなかったのはその時代の彼自身の限界であり、いつかそれは誰かによって言葉になるだろう、ということです。フロイトや当時の精神分析的思考の限界に過ぎない、という解釈です。

おそらく松木先生は、後者の見解に立って、一歩一歩理解を進めていこうとされているように思います。精神分析の方法をできるだけぎりぎりのところまで言葉で書き表そうとされているのです。私はといえば、精神分析が「言葉を超えている」という考えに魅了されているようです。それはしかし、ある意味で諦めが早いということであり、その不可能性に足が竦んでいるということでもあるでしょう。それで設定という、言葉で描き出しうる部分だけを語ってしまったということになってしまいました。一方、松木先生は、じりじりと前進されておられます。その歩みの着実さと的確さに私は敬服するしかありません。

とはいえ、やはり、精神分析には言葉で語れない核心が存在する、というのは私には確からしく思います。しかしそれでも、私たちはそこを言葉にしようとにじり寄るということを、怠ってしまってはならないのでしょう。もちろん、事柄の不可思議さに十分圧倒されて慄くということ、その慄きは美的な慄きだと思いますが、それも大事なのでしょうが、それに魅せられてしまうだけでは分析的態度とは言えないのでしょう。それが、今回のパネルの後で私が考えていたことでした。

春の休日の一日を、私どもと精神分析の本質を夢み、考えることにつきあってくださった聴衆の皆様に、深い感謝を感じております。

後　記

《精神分析スタディDAY》と命名したセミナーを、創元社に主催をお願いし、京の地で開催しています。精神分析において語るにふさわしいテーマを毎年選び出し、私ともう一人の講師で講義をおこないます。そのあとに、講師同士の対話や参加者からの質疑に応える時間が続きます。それから舞台を変え、精鋭の精神分析的臨床家に分析セッションの最新の逐語録を中心に臨床素材を提示してもらい、出席者を含めて一緒に検討するというのが基本的な構成です。近畿地区を中心に多くの方に参加していただき、現在まで継続できているものです。

二〇一〇年に始まった《精神分析スタディDAY》の最初の三回では、毎回新たな講師にレクチャーをお願いしてきましたが、二〇一三年四月に開催されました第四回からは、私と藤山直樹先生の二人で現在まで続けています。ですから、本書に収められている講義は、その二人による講義の第一回目ということになります。この回の午後の部の臨床素材は、清野百合先生〔精神科医、かねこクリニック〕にご提示いただきました。臨床力の高いプレゼンターによる臨床素材提示は、質が高い水準で臨床討議が展開されますが、この日のディスカッションがまさにそうでした。

《精神分析スタディDAY》のプロデューサー兼ディレクターは、創元社のシニア・エディター津田敏之さんです。また、セミナー全体の運営や当日の総合司会など切り盛りは、やはり創元社エディターの宮﨑友見子さんが担ってくれています。準備や会場設定や書籍販売などでも創元社の皆さまにはお世話になりました。ここに記して感謝の意を表したいと思います。

蝉しぐれの京都御所を歩く暑い夏の日に

松木 邦裕

もの想い　51, 69
物語り（ナラティヴ）　72

や・ら・わ　行

夢（夢見ること）　26, 51, 69
　夢思考－夢－神話水準　79
ユング　32
様子　59, 61, 72
抑うつ　71
落語家　14
ラットマン（鼠男）　19, 27
リズム　28, 59, 89
料金　8, 12-13, 22, 24, 27
レセプティヴ／ヴィティ　39, 94
恋愛　9
連想　72, 95
　自由連想　19, 37, 51, 57

態度　12, 59
ダイナミズム　86
躊躇い　16
知性　76
父親　71-72, 78-80, 87
治癒　6
注意　30, 74-76, 90
　自由に浮かんでいる注意　69-70, 73, 76-77
　平等に漂う注意　30, 52, ***68-77***,
　平等に抑止されている注意　69, 74-77
　無注意の注意　52
直観　75
治療過程　19
つながり　72, 86-87, 96
転移　17, 19, 34, 53-55, ***58-63***, 73, ***78-80***,
　逆転移　33, 62, 72-73
テンション　→緊張
同一化　44-45
　投影同一化　42, 55
道具　19-20
トレーニング　→訓練

な　行
内在化　66-67
内的対象　→対象
夏休み　24
悩み　→苦悩
ナラティヴ　→物語り
憎しみ　71
日常（非日常）　24-25
人間　5, 40, 44
　人間関係　28, 37, 79
認知行動療法　25, 95
眠くなる　62-63

は　行
排出　55-56
配置（コンフィギュレーション）　23, 57, 71
破局　84-85
パーソナル　27
母親　64, 67, 71-72, 78, 80, 87
パラドックス　99
ビオン　18, 50-51, 62
非言語　→言語
ヒステリー　22, 27
表情　22-23, 59
平等に漂う注意　→注意
平等に抑止されている注意　→注意
頻度（回数）　20, 70, 76, 94-95
不安　12, 54, 61, 71
フィーリング　→感情
フェレンツィ　33
フォーマル　***26-29***
不自然　25
プライベート・プライバシー　22, 27, 29
プラクティス　6, 27, 29
フロイト　頻出
分析家　5, 8-9, 13-14, 16, 19-22, 24-25, 27-28, 30-34, 36-38, 41-42, 49-51, 62, 94-96
文脈（コンテクスト）　71-72, 77, 86
変形　→思考の変形

ま　行
間（ま）　59
無意識　30-31, 52, 70-72, 76, 85-86
　無意識的空想　72
無注意の注意　→注意
メタファー　70
面接空間・面接室　52-53, 57-61, 63, 65, 72, 75, 79
妄想　87-88
目的　7, 9, 52
もちこたえ　38-39, 41
モデル　26, 49, 70, 95, 97-99

現実化　53, 79
原始的思考　67
現象　52-53, 58-59, 62-63, ***64-67***, 75, 79, 95-97
行為　89-90
構成　19
幸福　7
声　59, 89
言葉・ことば　20, 31, 34, 39, 55, 64, 67, 75, 81, 85, 89, ***90-91***, 94, 96, 98, 99
コンテクスト　→文脈
コンファメーション　→確認
コンフィギュレーション　→配置

さ　行
サイコセラピー　25, 69
サスペンション　94
サーチライト　70-71, 74
寂しさ　60-61, 71, 89-90
仕掛け　26
シーガル　45
時間　8, 11, 20, 29, 44
自己　54, 87
自己モニタリング　72
思考　64-67, 79-80, 85-87, 97, 99
思考化　66, 78
思考の変形　78-80
事後性（遡行作用）　67
事実　55, 86-87
事物　64-65
自分　9, 13, ***14-16***, 20-23, 27, 33, 36-37, 39, 41, 45, 54, ***55-57***, 65, 72, 79, 84, 86, 98
自分自身　40, 52, 56, 60
羞恥　16
自由に浮かんでいる注意　→注意
自由に話せること　51
自由連想　→連想
主観　33
主体が揺らぐこと　95
受容　94
滋養　56
症状　21-22
情緒　5, 30-31, 33, 37
ジョセフ　45
神経内科　21-22
人生　5, 16, 20
心的変化　84-85
心理療法　52, 70, 72-73
鮨職人　14
スタイナー　45
ストレイチー　12, 19
スーパーヴァイザー／ヴィジョン　18, 74
性愛　88
精神医学　21-22
精神分析らしさ　9, 51, 96
世界　53, 61
こころの世界　***54-57***, 73
対人世界　***36-42***
設定　8, 19-20, 24-25, 29, 34, 71
セドラック　44
線形（非線形）　95, 98, 99
先入見　66
相互交流　97
装置　19, 24, 32-34
遡行作用　→事後性
ソーシャル　28

た　行
ダイアレクティーク　99
体験　26, 33, 42, 54, 57, 61-62, 75, 79, 87, 91, 98
体験感覚　***49-53***
体験の記憶　67
対象　41, 61
対象関係　71
内的対象　54, 57

索　引

あ　行
愛　7, 14
遊び　26
アンナ・フロイト　27
怒り　62, 71
生き続けること　42
インスピレーション　75
意味を持つ／持たない　59, 61, 86
イメージ　81
因果論　95
インティメート／マシー　***26-29***
ウィニコット　18
ウルフマン（狼男）　19, 21
起きていて夢見ること　69
音　81
オフィス　24, 27, 29, 60
終わりある／なき分析　19, 33

か　行
回　→頻度
外界　64-65
開始　20
解釈　17, 20, 36-38, 41, 52, 55, 57, 67, 73, 75, 80, ***81-83***, ***84-88***, 89-90, 94, 96-98
概念　64-67, 78-79, 85
　概念化　78, 80, 95
カウチ　20-24, 27, 51, 61
確認（コンファメーション）　96
仮説　96
語り　26, 56
　語られる／ない　54, 58-60, 71, 77, ***90-91***
　語り得ない　***5-10***.
葛藤　13, 78
金　→料金
ガリレオ・ガリレイ　65
考えること　96, 99
感情　62, 71-72, 76-77, 85, 89
　フィーリング　71
　わけのわからない感情　84
感知　52-54, 59, ***62-63***, 69, 71-72
気負い　16
記憶なく、欲望なく、理解なく　69
記述　21, 99
偽善　12
技法　17, 19
逆説的　32
逆転移　→転移
キャンセル　8, 13
恐怖（怖い）　54, 71-72, 90
緊張（テンション）　29, 36-37, 39
くつろぎ　36, 38
クライン　18, 45
苦悩（苦しみ・悩み）　11-13, 44, 56, 78
クレペリン　21
訓練（トレーニング）　10, 14, 18, ***32-35***, 44-45, 98
　訓練分析　32-33
ケイパー　40
外科医　30-31
決断　***12-13***, 14, 16
ケプラー　65
言語　58-59, 85, 97, 99
　非言語　***89-91***, 97
現実・現実的（非現実的）　30, 87-88

著者紹介

松木邦裕（まつき・くにひろ）

1950年、佐賀県生まれ。

1975年、熊本大学医学部卒業。1999年、精神分析個人開業。

2009年－京都大学大学院教育学研究科教授。

2009－2012年、日本精神分析学会会長。

日本精神分析協会正会員。

著　書

『対象関係論を学ぶ』岩崎学術出版社、『分析空間での出会い』人文書院、『精神病というこころ』新曜社、『分析臨床での発見』岩崎学術出版社、『私説対象関係論的心理療法入門』金剛出版、『摂食障害というこころ』新曜社、『精神分析体験：ビオンの宇宙』岩崎学術出版社、『分析実践の進展』創元社、『精神分析臨床家の流儀』金剛出版、『不在論』創元社、『耳の傾け方』岩崎学術出版社、ほか多数。

藤山直樹（ふじやま・なおき）

1953年、福岡県生まれ。

1978年、東京大学医学部卒業。1999年、個人開業。

2001年－上智大学総合人間学部教授。

2012－2015年、日本精神分析学会会長。

日本精神分析協会正会員。

著訳書

『精神分析という営み』岩崎学術出版社、『集中講義・精神分析』（上／下）岩崎学術出版社、『続・精神分析という営み』岩崎学術出版社、『精神分析という語らい』岩崎学術出版社、『落語の国の精神分析』みすず書房、『精神分析を語る』（共著）みすず書房、『フロイト技法論集』（共訳）岩崎学術出版社、ほか多数。

こころの臨床セミナーBOOK
精神分析の本質と方法

2015年10月20日　第1版第1刷発行

著　者……
松木邦裕・藤山直樹
発行者……
矢部敬一
発行所……
株式会社創元社
http://www.sogensha.co.jp/
本社　〒541-0047 大阪市中央区淡路町4-3-6
Tel.06-6231-9010 Fax.06-6233-3111
東京支店　〒162-0825 東京都新宿区神楽坂4-3 煉瓦塔ビル
Tel.03-3269-1051
印刷所……
株式会社太洋社

ISBN978-4-422-11303-6 C3011